HANGIL
GREAT BOOKS
139

자연법

G. W. F. 헤겔 지음 | 김준수 옮김

한길사

HANGIL
GREAT BOOKS
139

Georg Wilhelm Friedrich Hegel
Über die wissenschaftlichen Behandlungsarten des Naturrechts,
seine Stelle in der praktischen Philosophie, und sein Verhältnis zu
den positiven Rechtswissenschaften

Translated by Kim Joon-Soo

Published by Hangilsa Publishing Co. Ltd., Seoul, Korea, 2015

헤겔

자신의 서재에 앉아 있는 헤겔. 베를린 대학의 철학교수로 있으면서
『법철학』을 저술하는 등 가장 활발히 활동을 펼치던 시기인 1828년의 모습이다.

셸링

셸링은 튀빙겐 대학 시절의 절친한 친구였다. 예나 대학의 교수로 확고한 명성을 얻었고,
헤겔이 뒤이어 예나 대학에 자리를 잡는 데 도움을 주었다. 1800년 이후 헤겔과 셸링은
함께 절대적 관념론의 체계를 수립해나갔다. 「자연법」 역시 셸링과 공동으로 편집한
『철학비평지』에 발표된 것이다.

홉스, 로크, 피히테, 칸트(왼쪽 위부터 시계 방향으로)

「자연법」 논문의 상당 부분은 기존의 자연법 이론에 대한 비판에 할애되었다.
헤겔은 첫번째 부분에서 홉스와 로크를 필두로 한 경험주의 자연법 사상을, 두번째 부분에서
칸트와 피히테의 형식주의 이성법 사상을 해부하여 내용적 모순과 방법적 문제를 밝히고 있다.
그에 대한 준거틀로는 플라톤과 아리스토텔레스로 대변되는
고대의 총체주의적 자연법 사상을 끌어들인다.

위 | 헤겔 전집의 표지　헤겔이 죽은 뒤에 그의 우인회(友人會)가 펴낸 전집 여덟 권의 표지다.

아래 | 예나의 광장　당시 예나는 괴테, 실러, 슐레겔 형제, 노발리스 등 낭만주의 작가들을 중심으로 한 문학가들의 집결지였으며, 피히테와 셸링이 독일 관념론을 확립해가던 학문과 예술의 중심지였다. 『정신현상학』이 씌어진 것도 바로 예나 시절이었다..

자연법

게오르크 빌헬름 프리드리히 헤겔 지음 | 김준수 옮김

한길사

자연법

일러두기

- 이 책은 헤겔의 저작 *Über die wissenschaftlichen Behandlungsarten des Naturrechts, seine Stelle in der praktischen Philosophie, und sein Verhältnis zu den positiven Rechtswissenschaften*을 완역한 것이다. 번역은 G. W. F. Hegel, Gesammelte Werke, Bd. 4: *Jenaer Kritische Schriften*, Hrsg. von H. Buchner/O. Pöggeler, Hamburg, 1968에 수록된 원문을 기초로 했으며, G. W. F. Hegel, Werke, Bd. 2: *Jenaer Schriften*, Frankfurt/M., 1986에 수록된 편집본을 참조했다.
- *Kritisches Journal der Philosophie*에 게재된 원문과 *Gesammelte Werke*에 수록된 편집본의 글은 장(章)의 구분 없이 하나로 이어져 있다. 다만 *Kritisches Journal*의 원문은 이 번역본에 따르면 제Ⅲ장의 결론에 해당하는 부분의 이전과 이후가 편집상의 이유로 제2권 제2부와 3부에 나뉘어 게재되어 있다. 이 번역본에서는 *Werke*를 포함한 여러 편집본들의 공통된 분류에 따라 장을 구분하고 이를 〔 〕 안에 표기하여 삽입했다.
- 한자의 병기가 필요한 경우나 중요한 용어 및 문구, 고유명사로서 원어의 병기가 필요한 경우, 이를 우리말 번역어 뒤의 ( ) 안에 삽입했다. 이 경우를 제외하고 ( ) 안에 삽입된 단어나 문장은 원문에 따른 것이다.
- 〔 〕 안의 단어 내지 구절은 번역기술상 불가피하게 또는 독자의 이해를 돕기 위해 옮긴이가 삽입한 것이다.
- 헤겔이 붙인 각주는 해당하는 쪽에 별표(*)로 표시하고 '–원주'라고 밝혔다. 1), 2), 3)으로 표시한 나머지 각주는 모두 옮긴이 주이다.
- ( ) 안에 원어를 병기할 경우, 원문의 고전 독일어를 현대 독일어로 단어를 변환하여 기입했다. 예를 들면 원문 가운데 'Seyn'은 'Sein'으로 바꼈다.

근대 자연법론 비판과 절대적 인륜성의 체계

김준수 부산대 교수·철학과

　「자연법에 대한 학적 취급방식들, 실천철학에서 자연법의 지위와 실증법학과의 관계에 대하여」(이하 「자연법」 논문'으로 줄여 씀)는 헤겔의 여러 저서들 가운데 법철학적 문제를 중점적으로 다룬 최초의 저작이자 자신의 고유한 법철학 체계를 위한 구상작이다.[1] 이 논문은 헤

---

1) 「자연법」 논문의 인용문은 본문 중 괄호 안에 이 번역서에 따른 쪽수를 기입한다. 그 이외의 헤겔의 저서는 다음과 같이 줄여 쓴다.
　『법철학』: *Grundlinien der Philosophie des Rechts* oder Naturrecht und Staatswissenschaft im Grundrisse, Werke 7, Frankfurt/M., 1986.
　『믿음과 지식』: *Glauben und Wissen* oder die Reflexionsphilosophie der Subjektivität, in der Vollständigkeit ihrer Formen, als Kantische, Jacobische, und Fichtesche Philosophie, in Hegel. Gesammelte Werke, Bd. 4: *Jenaer Kritische Schriften*, Hrsg. von H. Buchner/O. Pöggeler, Hamburg, 1968.
　『인륜성의 체계』: *System der Sittlichkeit*, in Gesammelte Werke, Bd. 5: *Schriften und Entwürfe*(1799~1808), Hrsg. von M. Baum/K. R. Meist, Düsseldorf, 1998.
　『정신현상학』: *Phänomenologie des Geistes*, Gesammelte Werke, Bd. 9, Hrsg. von W. Bonsiepen/R. Heede, Düsseldorf, 1980.
　『차이』: *Differenz des Fichte'schen und Schelling'schen Systems der Philosophie*, in Gesammelte Werke, Bd. 4.
　『체계 기획 I』: *Jenaer Systementwürfe I*: Das System der speculativen Philosophie, Gesammelte Werke, Bd. 6, Hrsg. von K. Düsing/H. Kimmerle, Düsseldorf,

겔이 예나에서 활동했던 초기에 그와 셸링(F. W. J. Schelling)이 공동으로 편집한 『철학비평지』(*Kritisches Journal der Philosophie*) 제2권 2부(1802년 11/12월 간행)와 3부(1803년 5/6월 간행)에 나뉘어 게재되면서 발표되었다. 헤겔은 이 논문에서 근대의 시민사회는 "절대적 인륜성의 상실"(131쪽)로 요약되는 비극적인 역사적 과정의 산물이며, 이러한 현실상황을 관념적으로 반영하고 있는 지금까지의 자연법에 관한 이론들에서는 "학문의 본질을 위한 어떠한 의미도 모두 부인될 수밖에 없다"(67쪽)고 단언한다. 이러한 도발적인 문제제기에서 출발하면서 이 논문은 자연법에 관한 근대의 두 가지 대표적인 이론 유형인 경험주의적 자연법론과 형식주의적 자연법론을 비판적으로 분석한 후 절대적 인륜성의 체계로서 자연법의 본성을 그 학적 이념과 역사적 현실에 따라 규정하고 실증법학이 자연법의 철학적 이념과 어떤 관계에 있는지를 고찰하고 있다.

「자연법」 논문은 도입부 외에 ― 이 번역서에서 장(章)으로 구분한 것과 같이 ― 내용상 네 부분으로 구성되어 있다. 첫번째 부분에서는 홉스(Th. Hobbes)를 필두로 한 근대의 경험주의적 자연법 사상, 두번째 부분에서는 칸트와 피히테의 형식주의적 이성법 사상과 대결하면서 이들의 방법론적 비일관성과 내용적 모순을 치밀하게 밝힌다. 세번째 부분에서는 이 이론들의 현실적인 토대가 되는 근대 시민사회가 분열과 대립의 원리에 기반을 두고 있기 때문에 단지 형식적이고 추상적

1975.

『체계 기획 II』: *Jenaer Systementwürfe II*: Logik, Metaphysik, Naturphilosophie, Gesammelte Werke, Bd. 7, Hrsg. von R.-P. Horstmann/ J. H. Trede, Bonn-Bad Godesberg, 1975.

『체계 기획 III』: *Jenaer Systementwürfe III*: Naturphilosophie und Philosophie des Geistes, Gesammelte Werke, Bd. 8, Hrsg. von R.-P. Horstmann, Düsseldorf, 1976.

인 법관계만을 산출할 수 있을 뿐이라고 진단하고 이에 대하여 현실과 이념, 다수성과 단일성, 개인과 전체가 분화 속에서 통일을 이루는 절대적 인륜성의 이념을 제시한다. 그리고 마지막 부분에서는 법에 관한 학문이 실정법에 고착된 실증법학이 되어서는 안 되며 인륜적 총체성 및 그 구현체인 민족공동체의 역사와 유기적 연관을 유지한 자연법 체계가 되어야 한다고 역설한다.

논문의 상당 부분이 기존의 자연법 이론들에 대한 비판에 할애되었고 그 내용 역시 극히 논쟁적이라는 점 때문에 이 논문에서 제시된 헤겔의 입장이 자연법 자체에 대한 전면적인 거부로 오해를 받기도 했다.[2] 그러나 그의 비판이 겨냥한 것은 논문의 제목이 말해주듯이 자연법에 대한 잘못된 '취급방식들', 그것도 근대의 개인주의적 취급방식이며, 이러한 비판의 준거틀로서 헤겔은 플라톤(Platon)과 아리스토텔레스(Aristoteles)로 대변되는 고대의 총체주의적 자연법 사상을 끌어들이고 있다. 오히려 헤겔이 '실천철학에서 자연법의 지위'를 적극적으로 규명하려고 하고, "자연법은 인륜적 자연이 어떻게 그 진정한 법에 도달하는지를 구성해야 한다"(149쪽)는 과제설정에서도 명백히 드러나듯이 이 논문의 목표는 참된 자연법의 학적 체계를 구축하는 데 있다. 그리고 이러한 기획은 이 논문에 이어 집필된 『인륜성의 체계』로 구체화되고,[3] 또한 —— 철학체계와 학문방법론의 변화, 자연에서

---

2) 글로크너(H. Glockner, *Hegel*, Bd. 2, Stuttgart, 1958, 304쪽)나 마르쿠제(H. Marcuse, *Reason and Revolution*, Boston, 1960, 60쪽) 같은 뛰어난 헤겔 해석가들조차 이렇게 오인했다.

3) 거의 같은 시기에 집필된 「자연법」 논문과 『인륜성의 체계』 사이의 연대기적 선후관계에 대해서는 오랫동안 논란이 있어왔다. 그러나 킴멜레(H. Kimmerle, "Zur Chronologie von Hegels Jenaer Schriften," in *Hegel-Studien*, Bd. 4, 1967)의 치밀한 문헌학적 연구로 「자연법」 논문이 『인륜성의 체계』에 앞서 집필되었음이 밝혀졌다. 킴멜레(같은 논문, 141쪽 이하)에 따르면 「자연법」 논문은 1802년 11월 이전에 집필된 반면, 『인륜성의 체계』는 1802/03년 겨울부터

자유의지로 법철학의 토대 이동, 고대 폴리스적 인륜성에서 근대적 인륜성으로 전환하는 등 여러 가지 중대한 변화에도 불구하고 ─ 후기의『법철학』에 이르기까지 근본적으로 유지된다.[4]

이하에서 우리는 「자연법」 논문이 발생한 배경을 알아본 뒤(1절), 이 논문의 순서에 따라 경험주의적 자연법론과 형식주의적 자연법론에 대한 비판(2~3절), 헤겔이 제시하는 절대적 인륜성의 이념과 체계 및 개인의 자유 문제(4절), 헤겔 역사철학의 초안적인 개념이 되는 '인륜 속의 비극'(5절), 자연법과 실증법학의 관계(6절)를 차례로 살펴볼 것이다.

저작의 발생 배경

튀빙겐 대학에서 신학과 철학을 공부한 후 베른과 프랑크푸르트에서 가정교사 생활을 하던 헤겔이 대학교수직을 목표로 예나로 이주한 것은 1801년 초이다.[5] 이에는 학창시절 친우이자 예나 대학에서 교수

1803년 초에 집필된 것으로 추정된다. 킴멀레(H. Kimmerle, "Zur Entwicklung des Hegelschen Denkens in Jena," in *Hegel-Studien Beih.* 4, Bonn, 1969, 39쪽 이하)는 라송(G. Lasson)의 말을 인용하면서『인륜성의 체계』에 대한 「자연법」 논문의 관계가 마치 본 저작에 대한 서론과도 같다고 두 저작의 관계를 설명한다.

4) 후기 저작들에서는 물론 이미『체계 기획 III』, 214쪽의 주에서 헤겔이 '자연법'이라는 용어에 대해 심각한 이의를 제기하면서도 후기의『법철학』이 여전히 '자연법과 국가학 강요'라는 부제를 달고 있음은 이 점과 관련하여 매우 시사적이다. 로젠크란츠(K. Rosenkranz, *Hegels Leben*, Berlin, 1844, 173쪽 이하)는『법철학』에서 더 세밀하고 정교한 체계로 서술되는 개념들이 그 구상의 독창성에서는 오히려 「자연법」 논문에서 "더 아름답고, 더 신선하며, 부분적으로는 더 참된" 형태로 등장한다고 말한다. 그러나 「자연법」 논문과『법철학』사이의 연속성에도 불구하고 로젠크란츠의 이러한 평가는 그 사이의 중대한 전환과 발전을 고려할 때 과장된 것으로 보아야 한다.

5) 예나에서의 헤겔의 삶과 학문적 활동 그리고 그 시대적 상황에 대해서는 K. Rosenkranz, *Hegels Leben*, 147쪽 이하; R. Haym, *Hegel und seine Zeit*, Berlin,

와 학자로서 이미 확고한 명성을 얻고 있던 셸링의 도움이 컸다. 1799년 피히테가 무신론의 혐의를 받고 예나 대학에서 물러난 후 조금 침체된 분위기이긴 했지만 당시의 예나는 괴테(J. W. von Goethe), 실러(J. Ch. F. von Schiller), 슐레겔 형제(A. Schlegel과 F. Schlegel), 노발리스(Novalis) 등 낭만주의 작가들을 중심으로 한 문학가들의 집결지였으며 피히테와 셸링이 혁신적인 사상인 독일 관념론을 확립해가던 당대 독일의 학문과 예술의 중심지였다. 특히 셸링은 헤겔과 교감하면서 1800년 이후 일련의 자연철학 및 동일철학적 저서들을 발표하면서 절대적 관념론의 체계를 수립해가고 있었다.[6] 헤겔은 나폴레옹의 침공으로 예나 대학이 문을 닫게 되고 신문 편집일을 제의받아 밤베르크로 이주하는 1807년까지 예나에 머물면서 학문 활동을 한다.

예나 시기에 헤겔의 주요 학문 활동은 다음과 같다. 1801년에 그는 자신의 첫번째 공식 저서인 『차이』를 집필·출판했고, 그해 8월에는 예나 대학에서 교수자격취득시험을 통과한다. 1802년부터 1803년 초까지는 셸링과 함께 『철학비평지』를 발간하면서 여기에 『믿음과 지

1857, 124쪽 이하; F. Rosenzweig, *Hegel und der Staat*, Bd. 1, München-Berlin, 1920, 101쪽 이하; G. Lukács, *Der junge Hegel*, Bd. 2, Frankfurt/M., 1973, 379쪽 이하에 자세히 기록되어 있다. 또한 『철학비평지』의 역사와 관련된 자세한 사항은 Hegel, Gesammelte Werke, Bd. 4의 편집자 주, 529쪽 이하 참조.

6) 예나 시기의 헤겔과 셸링의 관계에 대해서는 K. Düsing, "Spekulation und Reflexion. Zur Zusammenarbeit Schellings und Hegels in Jena," in *Hegel-Studien*, Bd. 5, 1969; "Idealistische Substanzmetaphysik. Probleme der Systementwicklung bei Schelling und Hegel in Jena," in D. Henrich/K. Düsing(Hg.), *Hegel in Jena, Hegel-Studien Beih*. 20, Bonn, 1980; R. Kroner, *Von Kant bis Hegel*, Bd. 2, Tübingen, 1961, 142쪽 이하; L. Siep, "Hegels und Schellings praktische Philosophie in Jena(bis 1803)," in L. Hasler(Hg.), *Schelling. Seine Bedeutung für eine Philosophie der Natur und Geschichte*, Stuttgart, 1981; X. Tilliette, "Hegel in Jena als Mitarbeiter Schellings," in *Hegel in Jena* 참조.

식』,「자연법」논문 등 일련의 논문들을 발표한다. 1802/03년 겨울학기부터는 처음에는 사강사로 그리고 1805년부터는 객원교수의 신분으로 예나 대학에서 '논리학과 형이상학', '자연법', '자연철학' 등의 강의를 맡으면서 논리학, 자연철학, 정신철학, 법철학 등과 관련된 강의초고들을 남긴다. 그리고 예나 시기의 마지막 해인 1807년에는 그의 주저 가운데 하나인 『정신현상학』을 출판한다.

또한 헤겔 철학의 발전사라는 관점에서 보면 예나 시기를 3단계로 좀더 세분할 수 있다. 1) 1801년부터 1803년의 『인륜성의 체계』에 이르는 초기에는 무엇보다도 셸링의 동일철학의 영향이 강하게 나타난다. 이에 따라 이미 프랑크푸르트 시기부터 거리를 두기 시작한 칸트와 피히테의 주관주의와 형식주의에 대한 비판이 극도로 첨예화되는 동시에 스피노자(B. Spinoza)의 전일적(全一的) 실체주의, 고대의 총체주의적 정치철학 그리고 고전적 자연개념으로 복귀하려는 시도가 이루어진다. 방법론적으로는 '절대적 무차별성'을 학문의 출발점으로 전제하면서 무한자에 대한 파악은 '지적 직관'에 위임되고 반성과 개념적 사유에는 단지 유한한 오성규정들의 자기파괴에 관한 서술만이, 즉 논리학에는 형이상학을 위한 부정적 방식의 예비학이라는 지위만이 인정된다.[7] 그러나 헤겔은 이미 이 시기의 저작들에서 절대자는 '폐쇄된 무차별성'이 아니라 '동일성과 비동일성의 동일성'으로서 차별과 대립의 현상으로부터 재구성된 총체성이며 철학은 반성에 의해 산출된 지식의 체계라고 말하면서 셸링의 동일철학을 넘어선 자신의

---

7) 1801년 헤겔의 논리학 초안에 대해서는 K. Rosenkranz, *Hegels Leben*, 189쪽 이하 참조. 트레데(J. H. Trede, "Mythologie und Idee," in R. Bubner(Hg.), *Das älteste Systemprogramm*, *Hegel-Studien Beih*, 9, Bonn, 1973, 209쪽)는 「자연법」 논문의 체계가 1801년의 논리학 구상을 따랐다고 본다. 이성(직관)과 오성(반성), 그리고 개념적 사유에 관한 이 시기의 헤겔의 입장에 대해서는 이 책의 63쪽 옮긴이 주 1) 참조.

사변적 논리학으로 발전하기 위한 단초를 마련한다.[8] 또한 영국의 정치경제학을 연구하여 구체적으로 사회현상을 파악하는 데도 깊은 관심을 기울인다.[9] 이러한 특징들은 「자연법」 논문에서 고스란히 드러난다.

2) 1803/04년의 『체계 기획 I』에서 1805/06년의 『체계 기획 III』에 이르는 중기에는 논리학, 자연철학, 정신철학을 포괄하는 자신의 고유한 철학체계를 수립하기 시작한다. 이 시기에는 피히테의 의식철학적 방법론을 긍정적으로 재수용하면서 헤겔 철학 전반에 걸쳐 급격한 변화가 일어난다. 논리학은 형이상학과 통합되어 사변적 논리학으로 발전하고, 자연철학과 동등한 등급에서 쌍을 이루던 정신철학은 자연을 벗어나 절대주체로서 자기구성하는 정신의 학으로서 자연철학의 상위에 자리를 잡는다. 또한 피히테의 승인이론을 변형·발전시키면서 이미 전제된 절대적 인륜성의 자기분화라는 실체주의적 모델을 극복하고 개별의식들의 자율적 상호행위를 통한 절대적 인륜성의 구성을 모색한다. 이를 통해 헤겔은 고대 정치철학에 대한 비판적 시각을 확보하고 개인의 자유를 기초로 한 근대적 인륜성의 이념을 정립하게 된다.

3) 1807년의 『정신현상학』으로 결집되는 예나 후기에는 중기에서 시작한 전환이 이제 완성되어 스피노자적·셸링적 동일철학과 완전히 결별, 자연에 대한 정신의 우위, '의식의 경험의 학'으로서 정신현상학, 반성적 사유의 자기지양을 통해 내재적으로 절대적 지(知)에 도달

---

8) 특히 『차이』, 23쪽, 32쪽, 63쪽 이하 참조. 이 문제에 대한 자세한 분석으로는 K. R. Meist, "Hegels Systemkonzeption in der frühen Jenaer Zeit," in *Hegel in Jena*, 64쪽 이하 참조.

9) 예나 시기 정치경제학의 연구와 수용에 대해서는 G. Lukács, *Der junge Hegel*, Bd. 2, Frankfurt/M., 1973; M. Riedel, "Die Rezeption der Nationalökonomie," in Ders., *Studien zu Hegels Rechtsphilosophie*, Frankfurt/M., 1969 참조.

하는 사변적 변증법 등이 확립된다.

「자연법」 논문이 발표된 『철학비평지』는 헤겔과 셸링의 공동편집 아래 1802년 초에 제1권 제1부가 간행된 후 1803년 초 제2권 제3부에 이르기까지 총 2권 6부가 간행되었다. 헤겔과 셸링은 이 철학지를 지속적으로 발간하려고 계획했으나 셸링이 1803년 여름에 뷔르츠부르크로 이주하면서 결국 간행이 중단되었다. 「자연법」 논문은 이 철학지의 제2권 제2부와 제3부에 나뉘어 발표되었다.

『철학비평지』를 발간하기 이전인 1798년경부터 피히테, 셸링, 슐레겔 형제, 슐라이어마허(F. Schleiermacher) 등을 중심으로 독일 관념론과 낭만주의를 대표하는 기관지를 간행하기로 논의했다. 그러나 관념론자들과 낭만주의자들 간의 그리고 피히테와 셸링 간의 이견과 반목으로 이 계획은 무산되었다. 특히 1801년 헤겔의 『차이』 논문은 셸링의 철학을 피히테 철학의 연장선상에서 이해하던 당시의 사람들에게 그리고 피히테와 셸링 자신에게도 양자의 차이점을 분명히 일깨워주는 계기가 되면서 낭만주의와 선험적 관념론과 절대적 관념론을 함께 아우르는 철학지의 발간을 더욱 어렵게 만들었다. 결국 셸링은 처음의 계획을 포기하고 헤겔을 공동편집자로 하여 절대적 관념론을 위한 철학지로서 『철학비평지』를 간행하게 되었다. 이러한 발생 배경은 왜 이 철학지에 실린 헤겔의 논문들이 대부분 논쟁적인 성격을 띠게 되었는지를 일부분 설명해준다.

예나에서의 새로운 시작은 단지 대학에 등단한 것뿐만이 아니라 당시 가장 활발한 학문의 중심지에서 처음으로 공적인 학문공동체에 들어서게 되었다는 점에서 헤겔에게는 큰 도전이었다. 이러한 상황에서 무명에 가까웠던 헤겔에게는 자신의 철학적 입장을 명확히 제시하고 동시에 대학에 정착할 수 있는 학문적 성과를 보여주는 것이 시급한 과제였다. 자신의 철학체계에 대한 구상은 갖고 있었지만 아직 이를 구체화하지 못하던 헤겔이 이에 대처하기 위해 택한 방법은 자신의 — 그리고 셸링의 — 입장을 동시대의 다른 사상가들과 차별화하면서 가다듬고 부각시키는 것이었다. 그래서 『차이』, 『믿음과 지식』, 「자연법」 논문 등에서는 주로 칸트, 피히테, 야코비(F. H. Jacobi), 라인홀드(K. L. Reinhold) 등을 비판의 표적으로 삼게 된다. 특히 『믿음과 지식』이 무한자에 대한 이론철학적 문제를 집중적으로 다루고 있다면, 「자연법」 논문은 절대적 인륜성에 관한 실천철학적 저작이라고 할수 있다.

「자연법」 논문의 발생은 또한 예나 대학에서 행한 강의활동과도 밀접한 관련이 있다. 청년 헤겔의 주된 관심 방향이 정치, 종교, 도덕, 법과 관련된 실천철학적 문제들에 있었음은 널리 알려진 사실이다. 예나 대학에서도 헤겔은 1802년 여름학기에 자연법에 관한 강의를 처음 개설한 이후 1805년 여름학기까지 1804년을 제외하고는 학기마다 자연법 강의를 공고하였다. 강의는 주로 미리 준비된 강의원고의 구술로 이루어졌다고 한다. 「자연법」 논문이 자연법에 관한 강의에서 직접 교재로 사용되었다는 증거는 없지만 — 『인륜성의 체계』가 강의를 위한 최초의 초고였던 것으로 추정된다 — 그것이 자연법 강의를 위한 예비 작업의 성격을 띠고 있으며 실제로 강의에서도 어떤 식으로든 사용되었으리라고 짐작하기란 어렵지 않다.

경험주의적 자연법론 비판

헤겔이 「자연법」 논문에서 종래의 자연법 이론들에 대한 비판을 경험주의적 자연법론에 대한 검토에서부터 시작하는 것은 우연한 설정이 아니다. 그는 좁은 의미의 경험주의적 자연법론, 즉 17~18세기 영국의 자연법 사상들만이 아니라 칸트와 피히테의 선험주의적 자연법론을 포함한 근대의 주도적인 자연법 이론 전반이 근본적으로 경험주의적이거나 혹은 경험주의에 구속되어 있다고 본다. 이 이론들에는 모두 원자적 개별성을 출발점으로 삼고, 경험적 표상을 통해 고착화된 개별규정들의 대립 속에 머문다는 공통점이 있다. 근대의 자연법론에서 "학문의 본질을 위한 어떠한 의미도 모두 부인될 수밖에 없는"(67쪽) 까닭은 그것이 이러한 제한된 원리에 함몰됨으로써 인륜성의 철학적 이념에서 괴리되었고 학적 비일관성을 노정하게 되었으며 현실적으로는 인륜성의 파괴 그리고 그 결과로서 억압적인 제도와 권력의 지배를 초래하기 때문이다. 헤겔은 근대 자연법론에 대한 비판을 통해 그 학문적 한계와 모순을 밝히는 동시에 인륜성의 절대적 이념이 이 제한된 원리 속에서 어떻게 스스로를 드러내는지를 보이고자 한다.

경험주의적 자연법론에 대한 헤겔의 비판을 먼저 방법론적인 측면에서 살펴보자. 자연법에 관한 경험주의적 취급방식은 "경험적 직관과 보편의 혼합"(69쪽) 그리고 "다수와 하나의 대립의 지배"(73쪽)로 특징지어진다. 경험적 직관은 질적 다수성을 그 원리로 가지고 있는데, 이러한 표상방식 속에서 현실의 다양한 현상들은 서로 격리되고 관련이 없는 개별규정들로 나타난다. 그러나 학적 통일성에 대한 이성의 요구는 이 잡다한 규정들의 단순한 열거를 넘어서 그들 간의 필연적인 관계를 제시할 것을 촉구한다. 이를 만족시키기 위해 경험은 자신이 발견한 규정들 가운데 어느 한 특정한 규정을 본질적 규정으로 격상시켜 이를 보편적 원리로 삼고 이것에 다른 규정들을 종속시킨다. 그럼으로써 경험은 필연성의 허상을 마련하지만 이러한 통일은 내적 필연성을 결여한 형식적이고 임의적인 통일에 지나지 않는다. 왜냐하면 개별규정들 각각은 경험에 대해 동등한 권리를 가지고 있으며, 따라서 "무릇 우연한 것과 필연적인 것 사이의 경계가 어디에 있는지에 대한 (……) 어떠한 기준도 결여되어"(77쪽) 있으므로, 왜 그 특정한 규정이 보편원리가 되는지는 자의적인 선택의 문제가 될 수밖에 없기 때문이다. 선택된 규정은 실은 배제된 여타의 규정 못지않게 개별규정일 뿐이고, 학적 통일성을 위해 요구되는 한 규정에서 다른 규정으로 이행하는 것 ─ 예를 들면 평화로운 자연상태에서 투쟁과 혼란이 지배하는 자연상태로 이행하는 것, 또는 이러한 무법적 자연상태에서 법적 사회상태로 이행하는 것 ─ 은 잡다한 규정들의 임의적인 혼합이나 논리적 비일관성을 통해서만 이루어질 수 있다. 경험적 방식이 도달하는 통일이란 개별규정들의 다수성에 대립해 있는 "추상적 단일성"(79쪽)이자 또한 개별규정들에 의해 언제든지, 그것도 정당하게 와해될 수 있는 "잡다한 것의 총체성 내지 완결성"(74쪽)에 지나지 않는다. 이러한 피상적이고 외적인 관계 속에서 다수를 하나로 통합시켜서 어느 정도 안정적인 전체로 정립하는 것은 오직 추상적 단일성에 의한 다수의 개별성의 '지배 관계'를 통해서만이 가능하다. 즉 절대적 다수성에서 출발하는 경험적 방식은 그것이 학문을 지향하는 한 필연적으로 개별자들에게는 낯선 추상적 단일성에 대한 '굴종 관계'로 귀착된다.

이같은 방법론적 결함은 자연법의 내용적 구성에서도 심각한 문제점들을 야기한다. 경험주의적 자연법론은 사회적 관계와 역사적 조건에 의해 각인된 모든 규정들을 우연한 요소로서 사상(捨象)시키고 나면 정치제도와 법질서의 규범적 구성을 위한 어떤 본질적이고 원리적인 요소를 찾을 수 있으리라고 믿는다. 그리고 나서는 이러한 추상화를 통해 이른바 '자연상태' 혹은 순수한 '인간의 본성'을 학적 재구성을 위한 입지점으로 설정한다. 그러나 자연상태론은 그것이 구체적인 삶의 지평과 유리된 허구적 가설이라는 점 외에도 위에서 본 것과 같이 한낱 자의적인 추상화의 산물인 까닭에 여러 가지 난점들을 안게 된다. 우선 무엇이 과연 본래의 자연상태의 모습이며 인간의 본성인지를 판정할 수 있는 보편타당한 근거란 없다. 이를 우리는 경험주의적 자연법론자들이 이에 관해 상충되는 견해들을 내세운다는 점에서도 확인할 수 있다. 그리고 모든 우연적인 요소들을 배제했다는 그들의 주장과는 달리 그들이 각기 기술하는 자연상태나 인간의 본성은 실은 특정한 사회적 조건에 의해 형성된 특성을 이 허구적인 상태에 투사한 것이다. 헤겔이 "저 선천적인 것에 대해 판정하는 원리는 후천적인 것이다"(77쪽)라고 말하는 것은 바로 이런 의미에서다. 또한 자연상태는 곧 '만인에 대한 만인의 투쟁상태'로 파악되는데, 이는 경험주의적 추상화가 이론의 진정한 기반이 될 수 있는 절대적 통일에 이르지 못하고 상충하는 개별규정들의 혼란스러운 착종에 머물 뿐이라는 것에 대한 반증이다. 그러나 가장 심각한 비일관성은 자연상태에서 법적 사회상태로 이행하는 과정에서 드러난다. 왜냐하면 여기서 경험주의적 자연법론은 예컨대 사교본능 같은 사회구성 요소를 차후에 자연상태에 삽입하는 일종의 '선결문제 요구의 오류'를 범하거나 아니면 강자의 지배 같은 앞서 우연한 것이라고 사상시켰던 요소들을 다시 이끌어들이기 때문이다. 그리고 이렇게 해서 재구성된 법질서와 국가는 "무형식적이고 외적인 조화의 공허한 이름"(79쪽)에 지나지 않으며, 전체와 개인, 자연상태와 사회상태 간의 지속적인 대립 때문에 개인의 자연적 자유의 실현과는 동떨어진 "최고권력 아래로 주체들이 절대적으로 굴종하는 관계"(80쪽)를 통해서만 그 통일성이 유지되고 관철된다. 이렇게 "비일관성 속에서만 일관적인 경험적 학문의 귀결"(75쪽)의 표본을 우리는 경험주의를 가장 철저하게 견지하는 홉스의 『리바이어던』(*Leviathan*)에서 볼 수 있다.

경험주의에 대한 이같은 단호한 비판에도 불구하고 헤겔은 경험 자체를 폐기하려고 하지는 않는다. 오히려 이론의 구성을 위해 그 자신의 원리에 반해 성급하게 추상화하는 경험주의와 공허한 이념으로 도피하는 선험주의에 대해 "경험에 허용되는 상대적인 권리"(85쪽)를 일깨우고 강조한다. 물론 그 권리는 경험의 어떤 적극적인 기능에서 나오는 것이 아니라 "경험에서 와해되는 경험과 제한성에서 와해되는 제한성"(85쪽)이라는 부정적이고 경험 자체에는 의식되지 않는, 그러나 경험의 본 모습을 충실하게 표현하는 권리이다. 바로 이러한 경험적 사태의 자기지양을 명확하게 인식할 때, 경험주의적 취급방식은 절대적 인륜성의 한 부분이자 계기인 '실재성의 체계'에 관한 학문으로서 자신의 고유한 영역과 타당성을 인정받을 수 있다. 절대적 인륜성은 경험에 반영되는 '상대적 동일성'을 통해서만 현실적일 수 있으며, 이러한 "경험적 지의 반영 속에서의 총체성"(75쪽)이 다름 아닌 "절대적인 것의 현상"(90쪽)이기 때문이다. 반면에 이와 같은 자신의 한계를 깨닫지 못하고 그 제한된 원리를 자연법 전체로 확장시키려고 할 경우, 경험주의는 사회계약론에서와 같이 사적·경제적 원리에 의한 공적·정치적 영역의 침식과 붕괴, 이에 따른 자연법의 실증법학으로의 변질, 그리고 경험주의적 자연법론의 학적 비일관성과 자기파괴만을 노출하는 결과를 가져온다.

경험주의적 자연법론에 대한 헤겔의 비판의 요점은 경험 그 자체 안에서는 내적 통일을 정초할 아무런 원리도 발견할 수 없으므로 이론구성을 위해서 그리고 사회적 통합과 법적 질서의 확립을 위해서 필수적으로 요구되는 보편적 통일은 논변의 비일관성이나 자의적이고 외적인 지배에 의해서만 피상적으로 이루어질 뿐이며, 이를 통해 유기적 총체성으로서 인륜성과 이에 대한 직관이 파괴된다는 데 있다. 그러나 비일관성에 관한 방법론적 비판이 홉스나 흄(D. Hume)같이 철저하게 자기이익을 위한 유용성의 원리에 따라 법체계를 구축하는 이론 유형에 유효한지는 반론의 여지가 있다. 또한 당시의 파편화되고 무기력한 독일의 정치상황에 대한 깊은 실망 때문에[10] 헤겔이 전(前)근대적 정치권력에 대한 개인의 자유와 권리영역의 확보라는 근대 경험주의적 자연법론의 근본 동기를 아직 충분히 심각하게 받아들이지 못했다는 점도 지적할 수 있다. 그러나 과연 이기적 욕구들이 충돌하는 타산적 합리성에서 단지 강압에 의한 사실적 유효성만이 아닌 규범적 타당성을 지닌 법질서가 도출될 수 있으며, 유용성의 원리에 따라 개인의 자유가 보장되고 실현되는 법공동체의 수립과 보전이 진정 가능한지가 경험주의적 자연법론에 대해 헤겔이 제기하는 근본적인 물음일 것이다. 헤겔이 이에 대한 대안으로 제시하는 절대적 인륜성은 자연적 상태와 법의 위엄, 개인의 자연적 자유와 공동체 속에서의 인륜적 자유의 "굴종적이지 않은 참되고 생동하는 합일"(81쪽)이다.

형식주의적 자연법론 비판

경험주의적 자연법론의 원리가 경험적 직관에 표상되는 유한한 규정들의 다수성에 있다면, 칸트와 피히테의 형식주의적 자연법론은 순수이성의 선천성 및 그 이념을 통해 구성되는 단일성 내지 무한성을 원리로 삼고 있다. 그런데 헤겔의 분석에서 주목할 만한 것은 그가 양자를 이렇게 선명하게 대비시키면서도 형식주의적 자연법론을 경험주의의 자기모순적 발전의 연장선상에서 파악한다는 점이다.

이미 경험주의 내에서도 경험은 개념과 불완전하게 결합함으로써 이론적 통일성을 지향할 수밖에 없었는데, 이러한 내적 추동이 개념적 반성 속에서 경험과는 단절된 순수한 관념적 통일이라는 극단에 이를 때 바로 선험적 형식주의가 발생한다는 것이다. 그런데 한 극단은

---

10) 「자연법」 논문, 151쪽: "독일 민족처럼 해체된 민족"; Hegel, *Die Verfassung Deutschlands*, in Werke, Bd. 1, 461쪽: "독일은 더 이상 국가가 아니다."

다른 극단과 차별관계를 통해서만 자신을 정립할 수 있으므로, 형식주의는 자신의 출발점이자 부정되어야 할 다른 극단인 경험주의로부터 결코 자유로울 수 없다. 형식주의는 단일성과 다수성이라는 두 대립지 중에서 경험주의와는 반대로 단일성을 택할 뿐이지, 경험주의에 의해 설정된 대립구도 자체는 지양하지 않고 오히려 더욱 공고히 한다. 형식주의의 원리인 "절대적 대립과 절대적 보편성"(69쪽)은 실은 "경험적 의식"(91쪽)에서 나온 것이다. 이러한 대립 속에서 "반(反)사회주의적이라고 불리면서 개별자의 존재를 첫째이자 최고의 것으로 설정하는"(86쪽) 경험주의의 개인주의적 경향은 그 부정적 귀결과 함께 형식주의적 자연법론에서 더욱 강화된다. 발생적 관점에서 볼 때 형식주의는 경험주의와 공통의 토대를 가진 그 이면(裏面)이자 반면(反面)이다. 더 나아가 경험을 부정하는 형식주의는 다수성과 대립되는 추상적 단일성에 고착됨으로써 그 구체적인 적용연관에서 결국은 은밀하게 경험주의로 회귀할 수밖에 없다. 그리하여 형식주의는 경험주의 못지않게 실증주의에 빠지게 되며, 비인륜성을 더욱 교묘하게 인륜성으로 가장하게 된다.

형식주의가 추구하는 무한성의 참된 본질은 유한한 규정들이 대립자로 이행함으로써 그 실재성이 필연적으로 소멸되는 데 있다. 그러나 이러한 절대적 무한성이 형식주의에서는 무차별적 통일이 아니라 유한성에 대립된 무한성, 즉 "부정적으로 절대적인 것"(69쪽)으로 나타난다. 바로 이 "다수성에 대한 부정으로서의 무한성"(87쪽)이 긍정적으로 사유될 때 이른바 '순수이성'으로 정립된다. 순수이성은 경험 그리고 잡다한 경험적 현상들의 총합으로서의 자연에 대치해 있다. 그러나 순수이성이 자연을 비이성적이고 유한한 실재성으로서 "다수의 본질 없는 추상"(88쪽)으로 격하시키는 만큼이나, 바로 그를 통해 순수이성의 통일은 내용과 실재성을 결여한 형식적 동일성, 그래서 경험적 규정들에 의해서 비로소 촉발되고 규정되는 "하나(das Eine)의 본질 없는 추상"(88쪽)으로 전락한다. 유한성에 대립한 무한성이란 진정한 무한성이 아니라 "유한 속에서의 무한의 존재"(91쪽)에 지나지 않으며, 그 안에는 공허한 관념적 형식만이 유일하게 남는다. 유한한 규정들을 내적으로 무화(無化)시켜 포섭하는 힘을 박탈당한 무기력한 이성 속에서 형식적으로 부정된 유한한 규정들은 내용적으로는 오히려 극복할 수 없는 것으로서 영속화된다. 그리고 이성과 자연, 무한성과 유한성, 이념과 실재 간의 절대적 대립 때문에 형식주의 스스로가 궁극적인 목표로 요청하는 양자의 현실적 통일, 즉 인륜적 자연의 이성적 체계로서의 자연법의 가능성은 원천적으로 봉쇄된다. 여기에 바로 형식주의가 지닌 비인륜성의 근원이 놓여 있다. 형식주의가 고집하는 부정적으로 절대적인 것은 "순수한 추상, 통일에 관한 전혀 내용 없는 사념으로서, 그 자체로 절대적인 것은 아니다"(125쪽). 그러므로 형식주의적 자연법론은 "부정적으로 절대적인 것에서 참으로 절대적인 것을 제시하려는 그릇된 시도"(92쪽)이다.

순수이성은 잡다한 존재자들과 대립관계 속에 있다. (그래서 순수이성의 관념적 통일은 실은 경험주의의 실재성 못지않게 또 하나의 '상대적 동일성'에 지나지 않는다.) 그런데 이 관계를 대립의 존속과 차별자들의 병존이라는 긍정적인 측면에서 파악할 때 순수이성은 '이론이성'이 되고, 대립의 부정과 이성 속으로의 통일이라는 부정적인 측면에서 파악하면 '실천이성'이 된다. 형식주의적 자연법론에서는 바로 이 실천이성에 체계의 절대적 무차별점이라는 지위가 주어지고 이념적인 것(단일성)과 실제적인 것(다수성)의 절대적 동일성을 실현해야 한다는 과제가 부여된다. 그러나 단일성과 다수성의 절대적 대립이라는 근본원리로 인해 실천이성은 "차별에 의해 절대적으로 촉발되고 현상에서 벗어나지 못하는 동일성"(89쪽)에 머물며, 따라서 오로지 "이념적인 것과 실제적인 것의 동일성에 관한 형식적인 이념"(88쪽)만을 인식할 수 있을 뿐이다. 그러므로 내용적 진리의 문제에 대해 형식논리학이 아무런 언급도 할 수 없듯이, 절대적 인륜성을 정초하는 데 실천이성은 애초부터 좌초할 수밖에 없도록 선고되어 있다. 실천이성 속에서 단일성은 권리·의무·법칙으로 정립되고, 다수성은 사유하고 의지하는 주체로 정립된다. 실천이성의 이념에 따르면 양자는 단적으로 하나이어야 한다. 바로 이러한 보편적 법칙과 개별주체의 의지의 내적 합일이 다름 아닌 인륜성의 이념이다. 헤겔은 이 이념을 순수한 이성이념으로 고양시키고 궁극 목표로 부각시킨 것이 "칸트와 피히테의 철학이 지닌 위대한 면"(104쪽)이라고 높이 평가한다. 그러나 그들은 자신들의 말을 충실하게 지키지 못하고 오히려 양자를 절대적으로 분리시키고 만다. 그래서 유기적 조직체이어야 할 인륜성의 체계가 그들의 철학에서는 개별의지의 도덕성과 관련된 덕론(德論)과 보편적 법칙의 합법성과 관련된 법론(法論)으로 양분된다. 자연과의 대립 속에서 이성 자신이 분열되고 이에 따라 인륜성이 도덕성과 합법성으로 분리됨으로써 단일성과 다수성, 법칙과 주체의 절대적 합일은 원리적으로 실현할 수 없는 것으로 포기된다.

이제 형식주의적 자연법론에 대한 헤겔의 비판을 내용적으로 정리해보자. 그런데 흥미로운 점은 헤겔이 형식주의적 윤리이론 일반에 대한 비판적 논의에서는 일차적으로 칸트의 도덕철학을 대상으로 하는 반면에, 법이론에 관한 부분에서는 주로 피히테의 자연법론을 표적으로 삼는다는 사실이다. 이는 피히테의 『자연법론』(*Grundlage des Naturrechts nach Prinzipien der Wissenschaftslehre*, 1796)이 칸트의 『윤리형이상학』(*Metaphysik der Sitten*, 1797)보다 시기적으로 앞서는데도 그리고 헤겔이 두 저서를 모두 알고 있었는데도 헤겔은 『윤리형이상학 정초』(*Grundlegung zur Metaphysik der Sitten*)나 『실천이성비판』(*Kritik der praktischen Vernunft*)에서 제시된 칸트의 도덕철학이 칸트 자신의 법이론보다는 오히려 피히테의 법이론에서 더 철저한 일관성을 가지고 관철된다고 보았기 때문이다. 피히테의 법이론이 칸트의 도덕철학에 필연적으로 뒤따르는 귀결인 한, 피히테에 대한 비판이 칸트에게 그대로 적용될 수는 없다 하더라도 간접적으로는 칸트의 법이론에도 유효할 것이다.

1) 형식주의: 칸트가 최상의 도덕법칙으로 제시하는 정언명법은 법칙의 모든 내용규정이 삭제된 공허한 동어반복에 불과하다. "순수한 실천이성의 입법의 자율성이 지닌 고귀한 능력이란 실은 동어반복의 생산에 있는 것이다"(93쪽). 이러한 형식적 동일성에서는 '과연 무엇이 권리이고 무엇이 의무인가?'라는 실천철학의 핵심적인 물음에 대해 아무런 답변도 얻을 수 없다. 따라서 칸트의 정언명법에 따라서는 내적으로 구조화되고 구체적으로 규정된 인륜성의 학적 '체계'의 수립이 원리상 불가능하며, 칸트 자신이 목표로 설정한 '선천적이면서도 종합적인', 즉 실질적인 내용을 갖추면서도 무조건적 타당성을 지니는 규범체계인 윤리형이상학을 구축하는 것은 더더욱 불가능하다.[11]

2) 도덕입법의 자기모순: 도덕법칙은 내용이 있을 경우에만 비로소 도덕입법의 기능을 수행할 수 있다. 그러나 정언명법 자체는 아무런 내용도 함유하고 있지 않으므로, 그것에서 실질적인 내용을 지닌 권리와 의무를 도출하기 위해서는 그 내용을 순수이성의 외부, 즉 자의(恣

---

11) 이 점은 이미 피히테가 지적했다. J. G. Fichte, *System der Sittenlehre nach den Principien der Wissenschaftslehre*, in I. H. Fichte(Hg.), Fichtes Werke, Bd. IV, 234쪽: "먼저 칸트의 〔정언명법의〕 문장에서는 단지 일치의 이념만이 논해질 뿐이지 현실적인 일치에 관해서는 이야기되지 않고 있다. (……) 다음으로, 이 문장은 단지 교수법적(教授法的)이어서, 내가 나의 의무에 관한 판단에서 무엇인가 잘못 생각하지 않았는지를 물론 이 원칙에 따라 용이하게 검토할 수는 있지만, 그 문장은 결코 구성적이지 못하다."

意)에 준칙으로서 이미 주어져 있는 특정한 경험적 규정에서 차용할 수밖에 없다. 이는 우선 도덕법칙의 형식적 무한성과 그 내용의 유한성이라는 내적 모순을 초래한다. "자의의 준칙은 내용을 가지고 있고 규정을 내포하고 있다. 반면에 순수의지는 규정들로부터 자유롭다"(93쪽). 더 나아가 정언명법은 자의의 준칙이 지닌 모든 규정을 형식적으로는 보편성으로 수용하지만, 바로 이러한 보편화가 철저하게 수행될 경우 그 속에서 어떠한 규정이건 그 특수성으로 인해 내용적으로 파괴된다. 그러므로 도덕법칙은 입법의 과정에서 입법의 가능성 자체를 지양한다. "따라서 내용을 가질 수밖에 없는 도덕입법을 그 본질상 아무 내용도 갖고 있지 않은 이 절대적 실천이성에서 구하는 것은 그 자체가 모순이다"(94쪽).

3) 입법의 자의성 및 결단주의: 형식적 검증법칙에 따라 보편화가 가능하지 않은 준칙이란 실제로는 없으며, 심지어는 서로 대립되는 두 규칙이 무제약적 도덕명령으로 도출될 수도 있다. (이를 헤겔은 칸트가 거론한 기탁물의 반환의무 여부의 예에서 보여준다.) "그러나 실은 어떠한 규정도 개념형식 속으로 수용되고 성질로 정립될 수 있어서, 이런 식으로 인륜법칙이 되지 못하는 것이란 전혀 없다"(95쪽). 두 대립되는 준칙들이 정언명법에 따라 동시에 보편화가 가능하다면, 그중 무엇을 유효한 명령으로 볼 것인지는 그외의 어떠한 객관적인 기준도 결여되어 있는 한 결국은 ── 앞서 경험주의적 자연법론에서와 마찬가지로 ── 자의적이고 주관적인 결단의 문제가 되어버린다. "오로지 이 순수이성의 실천적 입법 외부에 놓여 있는 것, 즉 대립된 규정들 중 무엇이 정립되어야 하는지를 결정하는 것이 문제이다. 그런데 순수이성은 이러한 결정이 이미 앞서 이루어졌고 대립된 규정들 중 하나가 먼저 정립되어 있다는 것을 요청한다. 그렇게 하고 나서야 비로소 순수이성은 이제 자신의 쓸모없는 입법을 수행할 수 있게 된다"(97쪽).[12]

4) 은밀한 실증주의: 이러한 주관적 결단주의의 배후에는 은밀한 실증주의가 숨어 있다. 실천이성의 입법 내용은 순수이성을 통해 우연하고 비이성적이라고 배제했던 경험적 현실을 다시 끌어들일 뿐만 아니라 이를 오히려 있는 그대로 정당화한다. (예를 들면 기탁물의 반환의 무는 사유재산제도를 전제할 때에만 유효한데, 법철학의 핵심 사안인 사유재산제도 자체의 정당성 문제를 칸트는 입증하지 않고 독단적으로 전제했다.) 그렇게 함으로써 "형식주의는 그가 경험이라고 부르는 것에 대한 모든 우월함을 포기한다. 그뿐만 아니라 피조건항이 조건과 갖는 연관 속에서 이 대립자들이 절대적으로 존립하는 것으로 정립되기 때문에 형식주의 자체가 경험적 필연성에 전적으로 함몰된다. 그리고는 대립자들을 묶는 데 사용하는 형식적 동일성 내지 부정적으로 절대적인 것을 통해 이 경험적 필연성에 진정한 절대성이라는 허상을 부여한다."(74쪽 이하).[13]

5) 형식주의의 비인륜성: 이같이 형식주의는 단지 무용할 뿐만 아니라 더 나아가 그릇된 비인륜성의 원리이다. 형식주의적 실천철학에서 무엇이 권리이고 의무인지를 실제로 결정하는 것은 주어진 경험적 현실 속에서 자의적으로 결단하는 한 개인의 개별의지이다. 칸트의 정언

---

12) 『믿음과 지식』, 410쪽: "위에서 본 것과 같이 이 체계에서는 의무와 법칙들이 무한히 분산된 잡다성이고 그 각각은 동등한 절대성을 지니고 있으므로 이러한 의무와 법칙들은 하나의 선택을 할 수밖에 없도록 만드는데, 이 선택은 전적으로 주관적인 것이다."

13) 『믿음과 지식』, 402쪽: "그리고 나서는 이러한 숭고한 헛됨과 비할 데 없이 일관된 공허함은 현실을 고려한다고 훌쩍 물러설 수밖에 없다. 그리고 학문적인 필요 때문에 그 내용이 의무와 법칙들의 체계로 제시되어야 할 경우, 이념적 실재성이나 법칙, 의무, 덕 들의 내용을 특히 칸트가 그렇게 하듯이 경험적으로 긁어모으거나 아니면 피히테가 하나의 이성존재에게서 그리고 육체를 가지고 있지 않은 등등의 이성존재에게서 자의적으로 시작하는 것처럼 유한한 출발점에서 시작하여 유한성들로 진행하면서 연역해낸다."

명법은 그 의도와는 달리 개별의지를 마치 보편의지인 양, 주어진 경험적 현실을 인륜적 현실인 양 치장하는 도구로 전락한다. 이러한 전도(顚倒)와 눈속임은 "제약되고 비실제적인 것을 무제약적이고 절대적인 것으로 변환"(97쪽)시킴으로써 이루어진다. 즉 정언명법의 동어반복적 문장이 지닌 형식의 절대성이 검증되어야 할 준칙의 제약된 내용에 슬쩍 전용되어 준칙의 내용 자체가 마치 절대적인 의무나 법칙인 것처럼 부당하게 합리화되는 것이다. 그러나 "규정성과 개별성이 즉자(卽自)로 격상되는 곳에는 불합리성이 정립되고 인륜과 관련해서는 비인륜성이 정립된다"(97쪽).

6) 강제와 지배의 질서: 도덕성과 분리된 합법성으로서 자연법 체계는 보편적 법칙과 개별적 주체의 비(非)합일, "보편의지에 대한 개별의지의 대립"(107쪽)을 근본적으로 전제한다. 이러한 전제 아래에서 개인은 공동체적 결속감과 연대성을 상실한 이기적인 원자(原子)로 파악되며, 이러한 개인들 간의 사회적 관계를 규율하는 법규범은 자유의지의 상호제한과 외적 강제로 나타날 수밖에 없다. 이로써 개인과 개인, 개인과 사회는 외면적 대립관계로 고착되고, 한 개인 역시 그 내부에서 자의적으로 결정하는 사인(私人)과 기계적 법률에 의해 지배받는 신민(臣民)으로 분열된다. 또한 이러한 개인에 대립해 있는 국가는 이성적 존재들의 '자유의 왕국'이기는커녕, 개인의 자유를 억압하고 낯선 힘으로 지배하는 "강제의 보편적 체계"(108쪽)가 되고 만다. 이같은 폐단을 타개하기 위해 피히테가 제안한 민선감독기구(Ephorat)처럼 정부권력에 대항하는 반대권력을 설정하려는 시도는 전혀 실효성이 없이 혼란만을 초래할 뿐이며, 설사 두 힘 사이의 균형을 이루는 데 성공한다 하더라도 이는 곧 정지상태로 환원되어 국가는 역동성을 잃고 공동화(空洞化)된 '영구정지체'가 될 것이다. 이러한 합법성의 체계에서는 "보편적 자유와 개인적 자유의 합일이나 인륜성

은 불가능하다"(106쪽).[14]

이와 같은 헤겔의 격렬한 비판이 때로는 과도해 보일 수도 있다. 칸트와 피히테는 정언명법이 인격의 존엄성을 상호 존중하면서 행위규칙의 보편타당성을 요구한다는 점에서 주관주의와 개인주의를 벗어나 있고, 판단력을 통해 이론이성과 실천이성을 매개하려고 했듯이 도덕성과 합법성도 이분법적으로 분리시킨 것이 아니라 자유의 적용영역을 체계적으로 구분했을 뿐이며 실은 양자의 상호보완적 통일을 규제적 이념으로서 추구한다고 자신의 입장을 변호할 수 있을 것이다. 더 나아가 헤겔처럼 도덕성과 합법성을 인륜성의 이념 아래 전면적으로 통합하려는 시도는 오히려 법제화에 의한 자율적 도덕의 질식이나 아니면 도덕의 지배이데올로기화를 초래할 위험을 안고 있다고 반박할 수도 있을 것이다. 그러나 헤겔의 추궁은 바로 이 지점에서 시작한다. 칸트와 피히테는 그들의 이론을 실제로 전개하면서 자신들의 본래 의도와 목표에 충실했는가? 고립된 개별주체의 도덕적 자기반성을 통해 과연 상호주관적으로 공유되고 실질적인 사회구성 원리로 작동할 수 있는 규범원리가 도출될 수 있는가? 인륜성이 도덕성과 합법성의 단순한 명목적 총괄개념이 아니라 그 내용적 근거가 될 때에만 양자의 보완적 통일도 가능하지 않은가? 인륜성을 단지 규제적 이념으로 요청하는 것에 머문다면, 이는 오히려 현실에서 양자의 비동일성과 통일

---

14) 『차이』, 58쪽: "그러나 이러한 오성국가는 하나의 조직체가 아니라 기계이며, 국민은 공유된 풍부한 삶의 유기체가 아니라 원자적이고 빈약한 삶의 다수성인데, (……) 그 요소들의 통일은 개념이고 그 결합은 끝없는 지배이다. 이러한 점(點)들의 절대적 실체성은 실천철학의 원자론의 체계를 수립한다. 그런데 자연의 원자론에서처럼 여기서는 원자들에게는 낯선 오성이 실천적인 면에서 법이라고 자칭하는 법률이 되는데, 이는 ─ 모든 행위는 특정한 행위이므로 ─ 모든 행위에 대립하고 모든 행위를 규정할, 즉 행위 속에서 생동하는 것인 진정한 동일성을 죽일 그러한 총체성의 개념이다."

의 실현 불가능성을 영속화시켜버리는 것이 아닌가? 칸트나 피히테가 제안한 국가에서 개인은 진정으로 자유로울 수 있는가?

헤겔이 경험주의적 자연법론에 대해서 통일적 이념을 대조시켰듯이, 이제 형식주의적 자연법론에 대해서는 객관적 현실을 대조시킨다. 현실이 이념과 아무리 괴리되어 있는 것처럼 보일지라도, 현실은 우리의 삶의 장이자 인륜성의 이념이 비로소 실재성을 가질 수 있는 실현공간이다. 인륜성은 단순한 이상이 아니라 "이념적인 것과 실제적인 것의 절대적 동일성"(89쪽)이고, 성숙한 개인들의 공동체 안에서 살아 숨쉬는 현실이다. 그런데 현실로부터 유리된 추상적 이념으로 도피하여 그것에서 선험적으로 법체계를 연역해내려는 형식주의적 자연법론은 공허한 형식적 법칙만을 산출할 수 있을 뿐이며, 이러한 추상적 보편성을 그에 대립한 추상적 개별성으로 비하된 개인에게 강제할 때 인륜적 자연의 법이어야 할 자연법은 강제법으로, 자유의 생동하는 조직체이어야 할 국가는 기계적 억압기구로 변질된다.[15] 그러나 인륜성의 참된 이념에 따르면 법은 개인의 자유를 제한하고 억압하는 '강제의 질서'가 아니라 이를 확장하고 실현하는 '자유의 질서'여야 하며,

---

15) 『믿음과 지식』, 408쪽 이하 참조: "그러나 이러한 형식주의에서는 일단 정신이 무차별로서 차별적인 것에 절대적으로 대립하여 고착되어 있으므로 인류의 참된 실재성, 인류 및 그 현실성과 개념의 합일이 이루어질 수 없다. (……) 개념이 부동의 대립 형식 속에서 절대적인 그러한 체계의 원리에 따르면 법적인 것 그리고 국가로의 법적인 것의 구성은 대자적으로 존재하는 것이고 개체성에 절대적으로 대립해 있는 것이다. 그것은 법률 속에서 동시에 보편적으로 자신을 정립하고 민족 속에서 참으로 객관화되는 생동하는 것 자체가 아니라 보편적인 것이 법률로서 홀로 고착되어 생동하는 것에게 전적으로 맞서게 되고 개체성은 절대적 폭정 아래 있게 된다. 법이 행해져야 하지만 개인들의 내적 자유로서가 아니라 그들에게는 낯선 개념 아래로의 개인들의 종속인 외적 자유로서 행해져야 한다. 여기서 개념은 전적으로 객관적인 것 그리고 절대적 사물의 형태로 되는데, 이에 의존해 있다는 것은 모든 자유의 파괴이다."

국가는 고립된 단자(單子)들의 외면적 집합체가 아닌 생동하는 관련 속에서 개인들이 하나의 민족으로 자기형태화한 현실적 통일체이어야 한다.[16]

절대적 인륜성의 체계와 개인의 자유

이상과 같이 자연법에 대한 두 가지 그릇된 취급방식을 다룬 후에 헤겔은 지금까지 암시해왔던 절대적 인륜성의 이념을 이제 구체적으로 규정하고 그 내적 구조를 밝힘으로써 자연법의 참된 체계를 위한 기반을 마련하고자 한다. 경험주의와 형식주의의 한계와 모순의 노출을 통해 절대적 인륜성의 이념을 제시한다는 점에서 헤겔이 「자연법」 논문에서 사용하는 정당화의 방법은 근본적으로 부정적 방식에 따른 (modo negativo) 귀류법이라고 볼 수 있다. 그리고 이는 반성적 개념규정의 논리학을 형이상학의 부정적 예비학으로 기획했던 당시 헤겔의 체계구상과 상응한다. 그러나 다른 한편 헤겔은 경험주의와 형식주의 속에서 또한 절대적 인륜성의 이념 구성을 위한 긍정적 계기들을 추출해내고자 한다. 비록 경험주의와 형식주의가 잘못된 방식이기는 하지만, 이들이 포착하는 실재성과 이념성은 "절대적인 것 자체의 계기"

---

16) 『차이』, 54쪽 이하 참조: "[피히테에게서] 이성적 존재들의 공동체는 스스로를 제한하는 법칙을 자신에게 부여하는 자유의 필연적 제한에 의해 조건지어진 것으로 나타난다. 그리고 이러한 제한의 개념은 살아 있는 것이 개념과 질료로 찢겨지고 자연이 예속됨으로써 삶의 진정으로 자유롭고 스스로 무한하며 무제약적인, 즉 아름다운 교호관계가 모두 파괴되는 그러한 자유의 왕국을 구성한다. (……) 타인과 인격자의 공동체는 본질적으로 개인의 참된 자유의 제한이 아니라 그 확장으로 보아야 한다. 최고의 공동체는 그 힘에서도 그 행사에서도 최고의 자유이다. 그런데 이러한 최고의 공동체 속에서는 바로 관념적 요소로서의 자유와 자연에 대립된 것으로서의 이성이 사라진다."

(118쪽)들이며, 그릇된 고착화에 따른 일면성과 왜곡으로부터 정화시 킨다면 이 두 계기들은 전체를 상이한 방식으로 완전하게 표현하는 절 대적 인륜성의 '역능'(Potenz)으로서 각각 일정한 정당성과 권리를 인 정받을 수 있다는 것이다.[17] 따라서 역으로 절대적 인륜성의 이념과 내적 구조가 확립되고 나면 경험주의적 자연법론과 형식주의적 자연 법론이 자연법의 체계 내에서 서 있는 지점과 그 한계가 더욱 명확해 질 것이다.

물론 절대적 인륜성의 이념을 구성하는 것이 경험주의와 형식주의 의 혼합과 절충으로 이루어지지는 않는다. 그것은 오히려 인륜성을 파 괴하는 실증주의적 법학으로 이끌 뿐이다. 절대적 인륜성은 두 계기의 규정성을 넘어서는 '제3의 것'이며, 두 개별적 계기들을 내적으로 무 화(無化)하여 합일시키는 절대적 통일이다. 헤겔이 절대적 인륜성을 '민족'의 이름 아래 주어진 '실체'로서 전제하고 그 계기들을 실체의 자기분화를 통해 형성되는 '속성'으로 파악한다는 점에서 헤겔의 논 변은 스피노자적·셸링적 형이상학을 따르고 있다.[18] 그러나 다른 한 편 절대적 인륜성의 자기형태화와 개체화의 필연성을 강조한다는 점 에서, 또한 인륜적 총체성을 "자신을 내적으로 분리하고 이 분리를 복 속시키는 통일"(144쪽)로 파악하면서 이를 "전개되지 않은 폐쇄된 무

---

17) '역능' 개념에 대해서는 이 책의 123쪽 옮긴이 주 24) 참조.
18) 예나 초기 헤겔에게서 나타나는 스피노자주의에 대해서는 K.-H. Ilting, "Hegels Auseinandersetzung mit der aristotelischen Politik," in *Philosophisches Jahrbuch* 71, 1963/64와 K. Düsing, "Idealistische Substanzmetaphysik," in *Hegel in Jena* 참조. 특히 일팅(Ilting, 같은 논문, 50쪽 이하)은 아리스토텔레 스의 유기체주의적 정치관이 스피노자의 실체주의와 결합될 때 일종의 권력 이론(Machttheorie)을 낳게 되는데, 바로 예나 초기의 헤겔에게서 이러한 경 향이 나타난다고 비판적으로 분석한다. 뒤징(K. Düsing, "Politische Ethik bei Plato und Hegel," in *Hegel-Studien*, Bd. 19, 1984) 역시 이 시기 헤겔이 견지한 반(反)개인주의의 근원을 여기에서 찾는다.

차별성"(144쪽)과 구별한다는 점에서, 그리고 이러한 절대적 동일성으로의 재구성적 복귀를 분화된 개별적 계기들의 운동을 통해 수행하려고 한다는 점에서 그의 방법론이 이미 동일철학의 모델을 벗어나 적어도 부정적 변증법으로 발전해 있음을 알 수 있다.

앞에서 살펴본 것과 같이, 형식주의는 이념적인 것(단일성, 무한성, 무차별)을, 경험주의는 실제적인 것(다수성, 유한성, 관계)을 그 원리로 삼고 있다. 절대적 인륜성이란 다름 아닌 형식주의와 경험주의가 각각 일면적으로 고수하는 이념적인 것과 실제적인 것의 절대적 동일성, 단일성과 다수성의 절대적 통일이다. 그러나 절대적 인륜성을 이렇게 그 이념에 따라서만 추상적으로 파악할 경우, 그것은 다시 그 한 측면에 불과한 이념적인 것으로 환원되어 형식주의의 순수이성처럼 한낱 '사념물'에 머물게 될 것이다. 절대적 인륜성이 현실적인 '인륜성의 체계'이기 위해서는, 그것은 자기분화와 형태화를 통해 대외적으로는 민족적 개체로서 스스로를 대자적으로 정립하고 대내적으로는 분지화(分枝化)되고 전개된 구조를 지닌 법체계가 되어야 한다. 절대적 인륜성의 그같은 구성 계기가 바로 이념성(단일성)과 실재성(다수성)이다. 물론 이때 이 둘을 서로 분리되고 대립된 것으로 파악해서는 안 된다. 두 계기는 그 각각이 이미 "하나와 다수의 통일"(88쪽)이고, 그래서 "그 자체가 실체를 표현하며 절대적이고 무한하다"(90쪽). 이렇게 내적으로 자신의 대립자와 통일되어 전체의 본성을 각각 고유한 방식으로 드러낼 때 비로소 두 계기는 절대적 인륜성의 '역능'들이 된다. 이와 같이 규정된 그 한 계기는 "하나와 다수의 절대적 통일로서의 단일성"인 "인륜적 이성"이고(88쪽), 다른 한 계기는 "하나와 다수의 절대적 통일로서의 다수"인 "자연"이다(88쪽).

절대적 인륜성의 첫번째 계기인 인륜적 이성은 "통일의 형식 속에서 절대적인 것"(89쪽)이다. 그것은 개별규정들과 그 실재성으로 분화하는 것에 선행하는 '근원적 통일'이자 개별규정들의 운동에 필연성을 부여하는 '본질적 통일'로서, 그 안에서는 개별성들이 융해되고 무화(無化)되어 무차별화되어 있다. 이 첫번째 계기에 대해 헤겔은 그것은 "오로지 전체만을 견지하는 직접적인 인륜적 직관"(124쪽)에 의해서 파악되며 그 총체적 실재는 "민족"(118쪽)이라고 간단히 언급하고 넘어간다. 이는 헤겔이 긍정적 통일로서의 인륜적 이성에 대해 아직 확고한 개념을 가지지 못했다는 증거로 간주될 수 있고, 이 점이 「자연법」논문에서 구체적인 국가론과 제도론이 전개되지 못하는 원인으로 보인다. 그러나 이를 긍정적으로 해석하면, 헤겔은 인륜적 이성을 그 두번째 계기인 실재성의 측면 자체의 철학적·이념적 파악에 다름 아닌 것으로 이해하고 실재성의 영역과 독립된 어떤 상위의 영역으로 설정하지 않으려는 의도로 볼 수도 있다. 물론 이 두 계기의 관계에 관한 헤겔의 언급에는 불명확한 점이 있는데, 이를 아래에서 다시 살펴볼 것이다.

반면에 두번째 계기인 인륜성의 실제적인 것, 즉 자연에 관해서는 자세히 서술했다. 자연은 "절대적인 것의 현상"(90쪽)이며, "인륜성이 객관적으로 존재하는 현실"(128쪽)이다. 인륜적 이성은 자연을 통해 스스로를 형태화하여 현존재로 드러낼 때에만 객관성과 실재성을 가질 수 있는 것이다. 그러나 이성이 통일의 형식 속의 절대적인 것이라면, 자연은 경험적 지속에 반영된 절대적인 것, 따라서 다수성의 차별의 계기이다. 물론 이때 자연은 절대적 인륜성 속에서는 경험주의에서처럼 서로 무관한 잡다한 현상들의 집합이 아니라 그 자체로 유기적 구조를 지닌 통일체로 나타난다. 그러나 여기서는 차별의 형식이 지배적이기 때문에 자연이 산출하는 통일은 무차별의 절대적 동일성에 이르지 못하고 다수 간의 관계의 "상대적 동일성"(90쪽), "단지 형식적 무차별 또는 현존하는 실재성들의 관계의 동일성"(127쪽)에 머문다. 그런데 이 관계의 동일성은 다수성의 본성에 의해 그 자체가 다시 이중적인 관계로 나타난다. 그 하나는 규정성들 간의 대립에 대해 부정적인 양식의 관계로서 "절대적 무차별로서의 인륜성의 실재성"(135쪽)을 이루는 '인륜적 자연'이고, 다른 하나는 규정성들 간의 대립의 존속이라는 긍정적인 양식의 관계로서 "존속하는 대립 속에서 실제적 관계로서의 인륜성의 실재성"(135쪽)을 이루는 '물리적 자연'이다. 이를 다시 이념적인 것인 인륜적 이성과의 관계 속에서 살펴보면, 인륜적 자연은 실제적인 것 중에서 "무차별 안으로 절대적으로 수용된 부분"(128쪽)이고, 물리적 자연은 "실제적인 것이 그러한 것으로서 존속하고 따라서 상대적으로 동일하며 단지 절대적 인륜성의 반영만을 담지하고 있는 부분"(128쪽)이다. 이때 인륜적 자연과 물리적 자연도 이성과 자연의 관계에서와 마찬가지로 이미 자신의 대립자를 내적으로 포함하고 있는 통일이다. 즉 전자는 "단일성이 우선이자 긍정적인 것인 관계와 무차별의 통일"(90쪽)이고, 후자는 "다수가 우선이자 긍정적인 것인 관계와 무차별의 통일"(90쪽)이다. 또한 무차별은 자유인 반면 관계는 필연성이므로, 그 각각은 동시에 "자유와 필연성의 합일과 무차별"(90쪽)이다. 그리고 이를 주관적인 측면에서 보면, 인륜적 자연은 '자유인 계층'이 지닌 "인륜적인 절대적 의식"에 상응하고, 물리적 자연은 '비자유인 계층'이 지닌 "경험적 의식"에 상응한다 (142쪽).

요약하자면, 절대적 인륜성의 이념은 우선 이성과 자연의 절대적 통일로 규정되며, 더 자세하게는 하나와 다수의 절대적 통일로서의 단일성(인륜적 이성, 무차별적 동일성) 그리고 하나가 우선인 관계와 무차별의 통일(인륜적 자연, 자유, 인륜적 의식)과 다수가 우선인 관계와 무차별의 통일(물리적 자연, 필연성, 경험적 의식) 간의 통일로서의 다수성(자연, 상대적 동일성)의 절대적 통일로 규정된다. 그래서 절대적 인륜은 "특수성·필연성·관계 즉 상대적 동일성을 자신 안에 담지하고 있지만 이를 무차별화하고 동화시켜서 담지하고 있기 때문에 인륜은 상대적 동일성 속에서도 자유롭다"(166쪽). 이렇게 물리적 자연과 합일되어 그 자체가 인륜적 이성과 동일한 "인륜적 자연이 어떻게 그 진정한 법에 도달하는지를 구성"(149쪽)하는 것이 참다운 자연법론의 과제이다.

반면에 인륜적 자연과 물리적 자연을 서로 분리하고 고립시킬 때, 인륜적 자연은 형식주의의 실천이성 같은 공허한 부정의 형식이 되고, 물리적 자연은 경험주의에서 나타나는 잡다한 것들의 집합이 된다. 그러나 그렇게 대립관계로 놓은 계기들 가운데 하나를 일면적으로 고수하는 한, 그것은 상대적 동일성들을 포착하는 것에 지나지 않는다. 경험주의와 형식주의의 오류는 이러한 자신들의 한계를 망각하고 그가 파악한 상대적 동일성을 마치 절대적 인륜성 전체인 양 잘못 확장시키는 데서 비롯된다. 헤겔이 참된 자연법의 대상으로 삼는 인륜적 자연은 형식주의적 자연법론의 대상과 외연적으로 같다. 그러나 헤겔에게서 인륜적 자연은 그 대립자인 물리적 자연을 내적으로 무차별화하여 포함하는 절대적 동일성인 반면, 형식주의의 실천이성은 물리적 자연과의 대립 속에 머무르는 상대적 동일성이라는 중요한 차이가 있다.

다양한 규정들이 서로 대립하여 존속하는 물리적 자연이 외적 자연 필연성에 따라 일정한 상대적 동일성을 이룰 때, 이로부터 경험적인 "실재성의 체계", 즉 "물리적 욕구들에 관한 보편적인 상호의존의 체계, 이를 위한 노동과 축적의 체계 그리고 학문으로서는 이른바 정치경제학의 체계"(121쪽)가 발생한다. 이 상대적 동일성 속에서 개별적인 점유는 소유가 되고 특수한 것은 보편적인 것으로 지양되는데, 이를 통해 바로 실증법학이 문제삼는 '법의 영역'이 구성되고 '소유와 법의 체계'가 확립된다. 그러나 개별규정들의 대립이 존속하기 때문에 이 상대적 동일성이 산출할 수 있는 보편성은 "단지 외적이고 형식적인 균등성"(123쪽)뿐이다. 여기에서는 법의 위엄과 개인의 심성의 생동하는 합일이나 실체적 정의란 불가능하다.

지금 여기서 분석하는 것은 바로 후기 『법철학』에서 "추상법"(abstraktes Recht)과 그 제도적 형태인 "시민사회"(bürgerliche Gesellschaft)라고 명명되는 영역과 일치한다.[19] 『법철학』에서 볼 수 있는 근대 시민사회에 대한 날카로운 통찰과 비판 그리고 그를 위한 기본개념들은 이미 「자연법」 논문을 비롯한 예나 초·중기 저서들에서 거의 완성된 형태로 마련된다. 그러나 고대적 인륜성에서 근대적 인륜성으로 헤겔의 인륜성 이념이 발전하게 되는 것과 더불어 시민사회가 인륜성의 체계 내에서 차지하는 지위와 역할에 대한 평가에서도 중요한 강조의 변화가 나타난다. 즉 『법철학』에서는 시민사회가 인륜성 내에서 부정적인 계기이면서도 인륜성 이념 자체의 한 형태로서 인륜성의 구성을 위해 필수불가결한 긍정적인 역할을 담당하는 반면,「자연법」 논문에서는 그것이 역사적으로는 불가피하되 인륜성에 대해 파괴적이고 따라서 근본적으로 부정되어야 할 계기로 파악된다. 노동과 교환을 통해 형성되는 경제적·법적 관계는 사회화의 매체이기는커녕 오히려 그에 앞서 민족공동체 속에 구현되어 있는 인륜성을 비인격적이고 형식적인 법관계로 환원시키고 변질시키는 부정적인 것이다. 따라서 물리적 자연(시민사회)에 대한 인륜적 자연(자연법)의 관계는 철저하게 부정적인 관계로 설정된다. "이 실재성의 체계는 전적으로 부정성과

---

19) 헤겔의 초기 시민사회론에 대해서는 M. Riedel, "Der Begriff der 'Bürgerlichen Gesellschaft' und das Problem seines geschichtlichen Ursprungs," in *Archiv für Rechts- und Sozialphilosophie*, Bd. XLVIII, 1962; R.-P. Horstmann, "Über die Rolle der bürgerlichen Gesellschaft in Hegels politischer Philosophie," in M. Riedel(Hg.), *Materialien zu Hegels Rechtsphilosophie*, Bd. 2, Frankfurt/M., 1975 참조.

무한성 속에 있으므로, 긍정적 총체성과의 관계에 대해서는 이 체계가 긍정적 총체성에 의해 극히 부정적으로 취급되고 긍정적 총체성의 지배 아래 복속(服屬)되어 있어야만 한다는 결론이 나온다. 그 본성상 부정적인 것은 부정적으로 남아 있어야 하고 어떤 확고한 것이 되어서는 안 된다. (……) 인륜적 전체는 오히려 이 체계를 그 내적 무가치함에 대한 감정 속에 두어야 하고, 이 체계가 양적으로 발흥하여 그것의 본성이 지향하는 점점 더 큰 차별과 불평등으로 형성되는 것을 막아야만 한다"(121쪽 이하). 인륜적 자연은 "이러한 절대적으로 거칠고 반역적인 체계를 완전히 제압"(145쪽)해야 한다.

그렇다면 이러한 절대적 인륜성의 체계 내에서 개인의 자유는 무엇이며 또 어떻게 확보될 수 있는가? 전체와 개체의 관계가 '제압'(Bezwingen)으로 설정되기 때문에, 우선 공동체의 인륜성과 분리된 개인의 개별성에 관한 한 헤겔의 태도가 극히 부정적일 수밖에 없음은 자명하다. 이에 따라 「자연법」 논문에서는 반(反)개인주의적이고 전체주의적이라고 해석될 수 있는 구절들이 많이 발견된다.[20] 예를 들면 "이념에서는 (……) 개별성 그 자체는 아무것도 아니다"(81쪽), "개인은 개별성이고, 자유는 개별성의 무화(無化)이다"(114쪽), "인륜성은 그것이 개별자 그 자체에서 표현되는 한에서는 부정적인 것이다"(148쪽) 등과 같은 구절들이 그러하다. 또한 근대적 도덕성 개념에 대한 신랄한 비판도 같은 맥락 속에 있다.[21] 그러나 다른 한편 우리는 헤

---

20) 특히 뒤징(K. Düsing, "Idealistische Substanzmetaphysik," in *Hegel in Jena*)과 트레데(J. H. Trede, "Mythologie und Idee," in *Das älteste Systemprogramm*)가 「자연법」 논문을 전체주의적 정치윤리로 해석하면서 비판한다.
21) 칸트적인 도덕성 개념에 대한 헤겔의 비판으로는 J. Ritter, "Moralität und Sittlichkeit. Zu Hegels Auseinandersetzung mit der kantischen Ethik," in Ders., *Metaphysik und Politik*, Frankfurt/M., 1977; I. Görland, *Die Kantkritik des jungen Hegel*, Frankfurt/M., 1966; U. Claesges, "Legalität und Moralität in

겔이 경험주의와 형식주의적 자연법론에 대한 비판에서 개인의 자유를 억압하는 강제적 지배질서를 단호히 거부하고 있음을 보았다. 사실 헤겔의 인륜성 이념은 전체주의적(totalitaristisch)이라기보다는 총체주의적(holistisch)이라고 할 수 있다. 유기체주의에 기반을 둔 총체주의 모델 속에서는 물론 전체가 개체에 선행하지만 상대적 독자성을 지닌 개체들의 존립과 그 각각의 고유한 기능이 없이는 전체도 있을 수 없으며, 양자는 상호구성적이다. 오히려 헤겔이 제시하는 참된 인륜성의 체계는 인륜적으로 자유로운 개인들의 통합체이다. 거부되는 것은 개인의 자유와 도덕성 자체가 아니라 개인들의 연대적 자유와 공동체적 덕(德)에서 벗어나고 이에 적대적인 개별적 자유 그리고 그것이 정형화된 "부르주아 또는 사인(私人)의 인륜성"(150쪽)으로서의 도덕성이다.

헤겔의 인륜성 이념은 자유주의적 자유개념과 배치되며 따라서 반개인주의적이라고 비판받곤 하는데, 헤겔에게는 이른바 자유주의적 자유개념이 과연 진정으로 개인의 자유를 대변하고 실현할 수 있는지가 먼저 문제된다. 헤겔은 그것을 자연상태에서의 '자연적 자유'라고 부르건 도덕적 주체의 '자의'(恣意)라고 부르건 대립된 규정들 사이에서 선택할 수 있는 가능성이라는 의미에서의 자유는 진정한 자유가 아니라고 본다. 진정한 자유에는 "외적인 것은 없으며, 따라서 자유에 대해서 어떠한 강제도 불가능"(113쪽)해야 한다. 그런데 선택 가능성으로서의 자유에는 가능한 선택지들이 개인의 의지에 선행하여 외부에서 주어진 것이며, 더 나아가 선택지 가운데 무엇을 택하건 ──선택의 심리적 동인은 논외로 하더라도── 선택된 규정에는 그것에서 배제된

Hegels Naturrechtsschrift," in U. Guzzoni/B. Rang/L. Siep, *Der Idealismus und seine Gegenwart*, Hamburg, 1976을 참조.

대립된 규정이 장악되지 않는 낯선 힘과 한계로 그 외부에 항상 남아 있기 때문이다. 따라서 선택 가능성으로서의 자유는 경험적 필연성으로부터 조금도 벗어나지 못하고, 또 이같은 자의(恣意)들을 하나로 묶어줄 수 있는 것은 오직 외적 강제뿐이다.

개인은 대립된 선택지들이 그의 의식과 의지 안에서 무화되고 무차별화되어, 이를테면 +A나 −A가 아닌 +A−A＝0을 통한 '무차별적 A 자체'가 될 경우에만 외적 필연성과 고립 그리고 강제를 벗어난 절대적 자유를 획득할 수 있다. 즉 개별성의 자기지양과 자기극복을 통해서 그 자체가 이미 보편성을 확보했을 때에만 개인은 참으로 자유로울 수 있는 것이다. 그리고 그렇게 이미 내적으로 전체와 통합된 개인은 더 이상 전체와 일방적인 지배관계가 아니라 전체와의 직접적 합일 속에서 전체와 동등한 지위를 갖고 "이러한 연관 속에서 그 개별성은 존중받는다"(168쪽). '개별성의 무화'는 개별성의 무효화가 아니라 오히려 "순수한 개별성"(116쪽)으로의 고양이며, 이 순수한 개별성은 그 자체가 보편성과 동일하다.[22] 그래서 헤겔은 "개체들 자체가 절대적 체계이다"(146쪽) 또는 "개별자의 인륜성은 체계 전체의 맥박이자 그 자체가 전체 체계이다"(147쪽)라고 말한다. 이러한 자유관은 개인에게 그 자체로 보편적 개별자가 될 수 있는 능력을 인정한다는 점에서 개인을 고립된 개별성으로 고착시키는 자유주의보다 오히려 더 강력한 개별성을 옹호한다. 내적으로 보편성을 획득한 개인들의 상호주

---

22) '개별성의 무화' 명제와의 연관 속에서 이 시기의 헤겔의 자유개념에 대해서는 L. Siep, "Der Kampf um Anerkennung. Zu Hegels Auseinandersetzung mit Hobbes in den Jenaer Schriften," in *Hegel-Studien*, Bd. 9, 1974, 165쪽; "Zum Freiheitsbegriff der praktischen Philosophie Hegels in Jena," in *Hegel in Jena*; J. H. Trede, "Mythologie und Idee," in *Das älteste Systemprogramm*, 171쪽, 주 3); D. Henrich, "Absoluter Geist und Logik des Endlichen," in *Hegel in Jena*, 109쪽 참조.

관적 동일성 속에서의 개인과 전체의 동일성은 이후로도 헤겔의 인륜성 이념의 근간을 이루는 내용으로 남는다.

「자연법」 논문에서 반개인주의적인 경향을 찾는다면, 그것은 인륜성의 이념이나 자유개념 자체에서가 아니라 그러한 인륜성과 자유에 도달하는 과정에 대한 헤겔의 서술에서 볼 수 있다. 이는 곧 상대적 동일성인 실재성의 체계에서 인륜성의 절대적 동일성으로 복귀하는 것이 어떻게 가능한가, 즉 보편적 인륜성이 어떻게 개별성으로부터 구성될 수 있는가 하는 문제와 연관되어 있다. 그런데 바로 이 문제에서 헤겔은 절대적 인륜성의 현존을 이미 전제하고, 이 인륜적 실체에 의해 개별성과 실재성이 부정적으로 '제압'됨으로써만 절대적 인륜성의 체계 속으로 수용될 수 있다고 본다. 그리고 이러한 전제로부터 고착된 개별성과 실재성의 체계를 전면적으로 파괴하는 "전쟁의 필연성"(119쪽)을 이끌어내고, 절대적 자유에 대한 입증으로서 개인에게 전체를 위한 "죽음"(116쪽)을 요구한다. 물론 '제압'은 제압되는 것 자신의 내적 본성을 실현시킨다는 점에서 '강제'(Zwang)와 구분된다.[23] 그래서 헤겔은 "제압 속에 자유가 있다"(116쪽)고 주장한다. 그러나 이러한 자기실현이 개별자에 의해 자율적으로 수행되는 자기극복이 아니라 타율에 의한 자기부정이 될 경우, 그것은 설사 개별자 자신을 위한 것이라고 할지라도 자유라고는 할 수 없다.

인륜적 실체를 주어진 것으로 전제하는 「자연법」 논문에서는 개별자 자신의 자율적 자기지양의 운동을 통해 절대적 인륜성이 내재적으로 구성될 수 있는 가능성이 고려되지 않는다. 그래서 개인과 전체의 합일은 오로지 전체에 대한 "경외와 신뢰와 복종"(143쪽)을 통해서만 가능하다고 본다. 여기서 개인과 공동체는 인륜성의 이념에 반하여 불

---

23) '제압' 개념에 대해서는 이 책의 115쪽 옮긴이 주 21) 참조.

평등한 관계로 설정된다. 그리고 그 귀결은 개인의 도덕적 자율성에 대한 관습적 덕의 우위를 주장하는 관습주의로 나타난다. 도덕성이란 단지 "특수 속에서의 인륜성"(101쪽), "부정적인 것으로서의 개별자 속에서 절대적 인륜성의 반영"(149쪽), 그것도 불완전하고 결함 있는 반영 이상의 의미를 갖지 못한다. 그러한 도덕성보다 상위에 있는 인륜성을 헤겔은 관습과 동일시한다.

물론 이를 통해 헤겔이 추구하는 것은 공공의 덕이 개인의 삶 속에 자연스럽게 스며들고 용해되어 습성화된 그러한 개인의 인륜성임을 인정할 수 있다. 그러나 기존의 공동체적 덕이 개인의 도덕적 반성을 통해 수정되고 또 새롭게 자율적으로 창출될 수 있는 가능성이 봉쇄된다면, 그러한 관습주의는 실은 헤겔 자신이 비판하고 있는 실증주의가 역사적 차원에서 확대재생산된 모습에 불과할 것이다. 스피노자의 '실체'처럼 「자연법」 논문에서의 절대적 인륜성은 그 속성과 양태로는 스스로 분화하되, 개별적 양태가 자기운동을 통해 스스로를 절대적 주체로 형성하고 실체로 복귀하는 길은 열려 있지 않다. 이러한 실체주의를 헤겔은 예나 중기 이후 주체형이상학의 정립[24) 그리고 변증법적 승인이론의 도입[25)과 더불어 비로소 극복할 수 있게 되고, 이와 함께 개인의 자유를 기초로 한 근대적 인륜성을 확립하게 된다.[26)

이상에서 살펴본 「자연법」 논문에서의 체계 구성은 헤겔 철학체계

---

24) K. Düsing, "Idealistische Substanzmetaphysik," in *Hegel in Jena*, 134쪽 이하 참조.

25) L. Siep, *Anerkennung als Prinzip der praktischen Philosophie. Untersuchungen zu Hegels Jenaer Philosophie des Geistes*, Freiburg–München, 1979, 146쪽 이하 참조.

26) 『체계 기획 III』, 257쪽: "보편의지는 우선은 개별자들의 의지에서부터 스스로를 보편의지로 **구성해야**(konstituieren) 한다." 이같은 전환에 대해서는 필자의 논문, 「헤겔의 승인이론: 예나 중기 정신철학적 초고들을 중심으로」, 『철학연구』51호, 철학연구회, 2000 참조.

의 발전사라는 관점에서 볼 때 매우 독특하다.[27] 『차이』에서 헤겔은 자신이 구상한 전체 철학체계를 이론철학(자연철학)과 실천철학(지성의 철학 — 이후의 정신철학)으로 나눈 후 이들을 다시 각각 이론적 부분과 실천적 부분으로 세분했다. 그리고 그 위에 이것들의 종합으로서 예술과 종교와 사변적 철학을 포함하는 절대적 무차별의 철학을 놓았다.[28] 이러한 체계 구상에 따르면 자연법에 관한 학문은 실천철학의 실천적인 부분에 속한다. 그러나 「자연법」 논문에서 인륜성의 체계는 인륜적 자연만이 아니라 아래로는 물리적 자연과 위로는 인륜적 이성까지 모두 포괄함에 따라 그 자체가 이미 전체 철학체계를 이루게 된다. 그렇게 됨으로써 「자연법」 논문에서의 체계는 1796/97년에 집필된 것으로 추정되는 「독일 관념론의 가장 오래된 체계 강령」(Das älteste Systemprogramm des deutschen Idealismus)에서 제시된 "모든 이념들의 완전한 체계로서, 따라서 형이상학 전체로서의 윤리학"[29]이라

---

27) 예나 시기 헤겔의 체계 구상과 그 변천에 관한 논쟁으로는 O. Pöggeler, "Hegels Jenaer Systemkonzeption," in *Philosophisches Jahrbuch* 71, 1963/64; H. Kimmerle, "Zur Entwicklung des Hegelschen Denkens in Jena," in *Hegel-Studien Beih.* 4, Bonn, 1969; *Das Problem der Abgeschlossenheit des Denkens. Hegels 'System der Philosophie' in den Jahren 1800~1804, Hegel-Studien Beih.* 8, Bonn, 1970; "Ideologiekritik der systematischen Philosophie. Zur Diskussion über Hegels System in Jena," in *Hegel-Jahrbuch*, 1973/74; R.-P. Horstmann, "Probleme der Wandlung in Hegels Jenaer System-konzeption," in *Philosophische Rundschau* 19, Tübingen, 1972; "Jenaer Systemkonzeptionen," in O. Pöggeler, *Hegel*, Freiburg-München, 1977; J. H. Trede, "Mythologie und Idee," in *Das älteste Systemprogramm*; H. Schneider, "Anfänge der Systementwicklung Hegels in Jena," in *Hegel-Studien*, Bd. 10, 1975; K. R. Meist, "Hegels Systemkonzeption in der frühen Jenaer Zeit," in *Hegel in Jena* 참조.

28) 『차이』, 73쪽 이하.

29) Hegel, *Das älteste Systemprogramm*, in *Hegel-Studien Beih.* 9, Bonn, 1982, 263쪽.

는 모토로 되돌아간 것으로 보인다.

실천철학의 이와 같은 전면적인 확장은 이 시기의 헤겔이 셸링의 자연철학의 영향으로 스피노자에게서 극대화되는 고전적 자연개념을 재생시키면서 그것을 토대로 실천철학을 수립하려는 데 기인한다. 능산적 자연(natura naturans) 속에는 소산적 자연(natura naturata)의 물리적 자연법칙만이 아니라 정신과 이성의 인륜적 법칙까지 근본적으로 동일한 구조를 지닌 것으로서 포함되어 있다. 자연은 이미 그 자체가 모든 존재의 질료이자 동시에 그 규범적 본성인 유기적 총체이다. 따라서 인륜성은 자연의 극복을 통해서가 아니라 바로 자연의 실현을 통해서 이루어진다. 이러한 이유로 이 시기의 헤겔의 저작들에서는 그의 후기 정신철학에 준거할 때 극히 낯선 '인륜적 자연'이나 '자연적 인륜성' 같은 개념들이 등장한다.[30] 이같은 고전적 자연개념의 복원은 칸트와 피히테의 주관적 관념론에서 자연이 주관적 이성의 지배 아래 종속되는 죽은 물질들의 집합으로 비하되는 것에 대한 반발이다. 이를 통해 자연은 —— 인간의 내적 자연까지도 —— 생명력을 박탈당한 채 오성법칙에 의해 유린되고, 이성은 자의적이고 폭력적인 입법자가 되며, 그 연장선상에서 외면적이고 형식적인 법관계에 의한 인간 내면의 억압 그리고 인간에 의한 인간의 지배가 합리화되고 있다고 보았던 것이다.[31] 이에 반해 「자연법」 논문에서 헤겔은 개인윤리적 차원에서

---

30) 예나 초기의 헤겔의 자연개념에 대해서는 이 책의 136쪽 옮긴이 주 34); M. Riedel, "Hegels Kritik des Naturrechts," in *Hegel-Studien*, Bd. 4, 1967, 181쪽 이하 참조.

31) 이것이 칸트와 피히테의 실천철학에 대한 프랑크푸르트에서 예나 초기에 이르는 헤겔의 비판의 숨은 핵심이다. Hegel, *Der Geist des Christentums und sein Schicksal*, in Werke 1, 323쪽: "[칸트의 윤리학에서] 특수한 것, 충동, 성향, 열정적인 사랑, 감성 또는 그것을 무엇이라고 부르건 이러한 것에 대해 보편적인 것은 필연적으로 그리고 영원히 낯선 것이고 객관적인 것이다. (……) 의무의 개념이 한낱 보편성의 공허한 사념이 아니라 행위에서 드러나

나 사회윤리적 차원에서나 이성과 자연, 인륜적인 것과 자연적인 것의 화해와 통일을 추구한다.

이와 같은 의도에도 불구하고 고전적 자연개념의 도입은 당시의 헤겔 철학체계에 심각한 부정합성을 야기한다. 우선 존재와 규범의 총체로서의 자연이라는 개념은 이미 「자연법」 논문에서 표명되고 있는 "정신은 자연보다 우월하다"(146쪽)는 명제와 서로 부합되지 않는다. 자연에 대해 정신이 우위에 있는 까닭은 자연에서는 이성이념이 차별화된 매개와 전개의 현실성이라는 형태로 서술되는 반면, 이념의 완전한 자기복귀와 자기인식은 절대적 무차별점으로서의 정신 속에서 비로소 이루어지기 때문이다. 이러한 부정합성은 절대적 인륜성의 두 계기인 인륜적 이성과 자연 간의 관계를 모호하게 만든다. 자연과 정신의 동일성 원리에 따른다면 인륜적 이성과 그것의 객관적 현실인 자연은 근본적으로 동일해야 한다. 더 나아가 인륜적 자연은 물리적 자연 속에서 완전하게 실현될 수 있어야 한다. 이 경우 자연은 단지 상대적 동일성이 아니라 이미 그 자체로 절대적 동일성을 이룰 것이고, 따라서 인륜적 이성은 인륜적 자연과 물리적 자연 간의 통일관계로 완전히 용해되어 이것들을 초월하는 어떤 '제3의 것'이 되지는 않을 것이다. 실제로 헤겔은 곳곳에서 인륜적 자연을 인륜적 이성과 아무런 차이를 두지 않고 절대적 통일로 서술한다. 반면에 자연이 이성의 불완전한 반영물인 상대적 동일성일 뿐이라면, 자연의 유한성으로 인해 절대적 인륜성은 자연 속에서 완전히 실현될 수 없을 것이며, 따라서 이성과

야 하듯이 다른 모든 관계를 배제하거나 지배하는 의무의 개념에서 곧바로 발견되지 않는 인간적 관계여, 슬프도다!";『차이』, 53쪽: "[피히테의] 자연법 체계에 제시된 것 같은 자연의 연역과 서술에서 자연과 이성의 절대적 대립과 반성의 지배가 극단적으로 나타난다"; 같은 책, 58쪽: "[피히테에게서] 자연법은 순수한 충동과 자연충동의 절대적 대립으로 인해 오성의 완전한 지배와 생동하는 것의 예속에 관한 서술이 된다."

자연을 통일시켜주는 더 상위의 단계가 필요하게 될 것이다. 자연 속에는 "인륜성이 극복할 수 없는 현실성과 차별이 존재한다"(128쪽) 또는 자연의 필연성 속에는 "항상 절대정신과 그 형태 간의 불일치"(175쪽)가 현존한다 등의 구절들이 이러한 해석을 지지해준다.

이같은 체계론적 모호성은 이 시기 헤겔의 자연법 체계 그리고 더 나아가 전체 철학체계의 구성에 원리적 균열이 있음을 보여준다. 이 난점을 헤겔은 곧 이어 살펴볼 '인륜 속의 비극'이라는 개념으로 해소하고자 한다. 그러나 이 문제는 예나 중기부터 자연철학과 정신철학이 체계적으로 명확하게 분리되고 자연에 대한 정신의 우위가 확립됨으로써 비로소 제거된다.

인륜 속의 비극

"인륜 속의 비극"(Tragödie im sittlichen)(136쪽)은 「자연법」 논문에서 가장 인상 깊은 문학적 비유이다. 그것은 앞서 지적한 체계론적 난점에 대한 일종의 해결책 역할을 하는 동시에 헤겔의 변증법적 역사철학의 모형이 된다. 이 비유는 절대적 인륜성의 자기분화와 상실 속의 재통일을 의미하는데, 이는 인륜성의 체계가 지닌 공시적 구조일 뿐만 아니라 동시에 역사적 과정에서 진행되는 통시적 사건이기도 하다. 절대적 인륜성은 그 직접적 이념성에 머무를 수 없고 자신을 자연 속으로 객관화하고 현존재로 형태화하여 실재성을 획득해야 한다. 그러나 인륜성 이념의 객관적 현상인 자연은 다시 그 이념을 온전히 실현하는 부분(인륜적 자연)과 그것을 불완전하게 반영하는 부분(물리적 자연)으로 나뉜다. 이처럼 절대적 인륜성이 그 실현과정에서 자신의 한 부분을 이념으로 완전히 장악되지 않은 질료적 자연에 희생하고 양도할 수밖에 없다는 데 인륜적인 것의 비극이 있다.

그러나 이 비극은 인륜적인 것 자체의 불가피한 내적 운명이다. 왜냐하면 바로 이러한 자기상실의 과정을 통해서만 절대적 인륜성은 추상적 이념에서 벗어나 구체적이고 역동적인 삶을 얻을 수 있기 때문이다. 이러한 필연적 운명에 대한 통찰을 통해 인륜성의 이념은 현실과 화해하고 자기 자신의 모습으로서 현실 속에서 자신을 직관하며 자기 동일성을 회복한다. 인륜 속의 비극에는 대립자와의 화해와 이를 통한 자기완성의 가능성이 내포되어 있다. 이 비극은 지극히 비극적이되 파멸적이지는 않고 정화된 숭고함으로 고양된다.[32] 이러한 절대적 인륜성의 자기분화와 상실 그리고 자기회복의 역사는 이후에 의식과 의지의 절대적 부정성, 절대정신의 외화(外化)와 자기복귀, 인간이 된 신의 죽음과 부활 그리고 이를 통한 신성의 실현 등 헤겔 역사철학의 기본 골격이 된다.

절대적 인륜성이 자연의 두 영역으로 분화됨에 따라 필연적으로 실재성의 체계에서 상이한 두 계층이 형성된다. 그 하나는 인륜적 자연에 상응하는 계층으로서 절대적인 인륜적 의식을 가지고 "인륜적 조직체 전체의 존재와 보존"에 종사하는 "자유인 계층"이고, 다른 하나는 물리적 자연에 상응하는 계층으로서 경험적 의식 속에서 노동과 상업에 종사하며 사적(私的)인 삶을 영위하는 "비자유인 계층"이다(129쪽). 물리적 자연에 대한 인륜적 자연의 관계가 그러해야 하듯이, 비자유인 계층은 자유인 계층에 의해 제압되고 예속되어야 한다. 다시 말하면, 공적 영역(정치)은 사적 영역(경제)에 대해 공동체적 통합을 해치지 않는 범위 내에서 어느 정도의 독자성을 인정하되 그것이 심각한 사회적 불평등을 야기하고 공적 영역을 침범할 만큼 지배적인 힘이 되

---

32) Hegel, *Vorlesungen über die Philosophie der Religion II*, Werke 17, 134쪽 참조: "비극의 결말은 화해, 이성적 필연성, 이제 스스로를 매개하기 시작하는 필연성이다."

지 않도록 엄격하게 통제해야 한다. 이러한 사회제도론은 명백히 정치와 경제의 영역을 분리시킨 고대 폴리스, 특히 플라톤이 정제하고 이론화한 계층분업적 공동체를 이상적인 모델로 삼고 있다.[33]

고대 폴리스는 계층적 분화에도 불구하고 공동체의 통합과 지배를 절대적으로 확신하며 안정과 평온을 누렸고, 어떤 심각한 내적 대립이나 투쟁, 비극적 운명 같은 것은 아직 존재하지 않았다. 공동체의 다양한 측면들과 그 구성원들이 독특한 개별성으로 형성될 수 있도록 방임되었다 하더라도, 그것은 공동체가 절대적 자기확신 속에서 의식적으로 만들어내는 한순간의 흥겨움을 위한 자기 자신과의 '유희'였다. 고대 폴리스 그리고 그 시대의 작가들은 이렇게 운명의 부재 속에서 단지 가상의 적과 투쟁하는 유희를 통해 자신의 견고함을 확인하고 아름다움과 흥겨움을 고양시키는 '신적 희극'을 펼쳐 보인다. 그러나 고대의 인륜성을 동경하며 그것의 상실을 아무리 한탄한다 한들, 그 이후 근대 시민사회로 향하는 긴 역사의 흐름은 되돌이킬 수 없는 것임을 헤겔은 잘 알고 있었다. 고대의 신적 희극은 과거의 것이고 그 천진난만한 아름다움을 그대로 되살릴 수는 없는 것이다. 소크라테스(Sokrates)는 아테네 시민들에게 관습을 벗어난 내면의 도덕성과 주관성을 일깨워주었으며, 이와 더불어 인륜적 조직체는 개별성과 대립하는 것이 더 이상 유희적 환영이 아니라 자신의 거역할 수 없는 운명으로 심각하게 받아들이면서 죽음을 맞이할 수밖에 없게 된 것이다.[34]

---

33) 이 시기 헤겔의 계층론에 대해서는 이 책의 130쪽 옮긴이 주 28) 참조.
34) 「자연법」 논문에서 헤겔은 개인의 도덕성을 부정적인 것으로 파악하기 때문에 도덕의 창시자인 소크라테스 역시 부정적으로 묘사한다. 헤겔은 후기에도 소크라테스가 제기한 도덕성이 폴리스를 지탱해주던 직접적 인륜성의 몰락을 야기했다는 점에서 아테네 시민들의 소크라테스에 대한 사형선고는 정당했다는 견해를 유지하면서도, 소크라테스가 도입한 주관적 자유와 개별성, 도덕성은 역사 발전에서 더 상위의 권리를 지닌 원리라고 말한다. 소

근대 시민사회는 로마시대부터 본격화된 "절대적 인륜성의 상실", "자유의 단절" 그리고 "타락과 일반적인 쇠퇴"의 산물이다(131쪽 이하).[35] 형식적 통일과 평등의 원리가 지배함에 따라 계층 간의 구분은 사라져버리고 국민은 오직 개별존재에 함몰되어 사적(私的)인 삶에만 관심이 있는 '비자유인 계층'으로 구성되었다. 공동체를 위한 열정과 용기는 소멸되고, 사람들은 "정치적 무능력에 대한 대가를 평화와 영업의 성과에서 그리고 (……) 이 성과를 향유할 수 있는 완벽한 안전에서 찾는" 일차원적 인간인 "부르주아"가 되어버렸다(135쪽). 이는 인륜성의 죽음이다. 그런데 이러한 비극적인 상황에 무반성적으로 매몰될 때 '근대적 희극'이 발생한다. 고대 희극이 대립의 부재 속에서 무(無)운명성을 그 특징으로 한다면, 근대 희극은 대립과 투쟁 자체에 사로잡혀 유한성 속에서 절대적 무한성을 가장하는 "끊임없는 현혹의 소극(笑劇)"(141쪽)이다. 경험주의와 형식주의, 소유와 계약에 관한 시민법, 그치지 않는 소송과 재판 그리고 이와 관련된 법규정의 무한한 양적 증가 등은 바로 등장인물들에게는 심각하지만 관객에게는 실소만을 자아내는 근대적 희극이다.

이러한 비극적 상황에서 벗어날 탈출구는 있는가? 불신과 시기, 사적 욕망의 배타적 추구, 형식적 법의 지배 속에서 질식된 인륜성의 회복은 과연 그리고 어떻게 가능한가? 헤겔은 그 탈출구를 인륜적 자연

크라테스 역시 고대 그리스적 인륜성에 내재한 비극적 운명의 희생자였으며, 또한 새로운 시대를 연 '영웅'이기도 했다는 것이다. 이와 관련하여 특히 Hegel, *Vorlesungen über die Geschichte der Philosophie I*, Werke 18, 447쪽, 511쪽 이하 참조.

35) 이와 대비하여 후기 『법철학』, §260 참조: "근대 국가의 원리는 주관성의 원리가 인격적 특수성이라는 자립적인 극단으로 완성되도록 하면서 동시에 이를 실체적 통일 속으로 소환하여 주관성의 원리 자체 내에 실체적 통일을 보존하는 거대한 힘과 깊이를 가지고 있다.

과 물리적 자연의 "구성되고 의식화된 격리" 그리고 이러한 "필연성에 대한 인식"에서 찾는다(135쪽). 이를 통해 인륜적 자연은 유한성을 초래한 비유기적 물질과 착종된 상태로부터 자신을 정화시키는 한편 물리적 자연(실재성의 체계)은 상대적인 권리와 독립을 보장받게 되고, 그렇게 해서 양자의 병존과 화해가 이루어진다는 것이다. 근대 국가에서 이는 구체적으로 인륜적 자연을 체현하는 군인계층과 물리적 자연을 체현하는 영업계층의 분리와 병존으로 나타난다. '인륜 속의 비극'의 결말은 '비극 속에서의 화해'이다. "이는 바로 절대자가 객관성을 향해 영원히 자신을 분만하고 이러한 자신의 형태 속에서 스스로를 고통과 죽음에 양도하고서는 그 재에서 찬란함으로 솟아오른다는, 절대자가 자기 자신과 영원하게 연출하는 인륜 속의 비극의 상연일 따름이다"(136쪽). 이러한 죽음과 부활, 자기상실과 자기회복의 합일이 바로 "인륜성의 절대적 삶의 이념"(143쪽)이다.

헤겔은 이러한 비극 속에서의 화해를 묘사한 대표적인 예로 고대 그리스의 작가 아이스킬로스(Aeschylos)의 작품 『오레스테이아』(Oresteia)[36]를 든다. 그런데 헤겔이 근대의 비극적 상황에 대한 탈출구를 고대의 비극, 그것도 소포클레스(Sophokles)의 『오이디푸스 왕』과 같이 파멸로 종결되는 비극은 도외시하고 유독 『오레스테이아』에서 찾는 것은 이 시기의 헤겔의 한계를 잘 보여준다. 헤겔은 예를 들면 벤야민(W. Benjamin)의 '역사의 천사'가 묘사하는 극히 절망적인 '근대적 비극'은 충분히 심각하게 고려하지 않을 뿐만 아니라 이러한 장

---

36) 이 비극작품에 대해서는 이 책의 54쪽 옮긴이 주 35) 참조. 고대 비극에 대한 헤겔의 이해에 대해서는 O. Pöggeler, "Hegel und die griechische Tragödie," in *Hegel-Studien Beih.* 1, 1984; D. Bremer, "Hegel und Aischylos," in *Hegel-Studien Beih.* 27, 1986; W. Bonsiepen, *Der Begriff der Negativität in den Jenaer Schriften Hegels, Hegel-Studien Beih.* 16, Bonn, 1977, 25쪽 이하 참조.

르에 대해서는 아예 언급조차 하지 않고 있다.[37]

'인류 속의 비극'이라는 메타포를 통해 헤겔은 그가 그동안 완강하게 거부해왔던 근대 시민사회와의 화해를 모색하고 있다. 이로써 헤겔의 사회이론은 예기치 않게 자유주의적인 색채를 띠게 된다. 사적 · 경제적 영역으로서의 시민사회는 공적 · 정치적 영역인 국가의 통제에서 어느 정도 벗어난 자신의 고유한 영토를 보장받게 된 것이다.[38] 그래서 언뜻 '인류 속의 비극'은 인류성에 대한 굳건한 확신에서 이루어진 근대 시민사회의 일탈에 대한 용인처럼 보인다. 그러나 그것은 실은 절망적인 비극의 상황으로부터 탈출을 꿈꾸는 가냘픈 시도에 불과하다. 헤겔이 진정 대답했어야 할 것은 어떻게 비인류적인 시민사회가 용납될 수 있는가가 아니라, 그 자신도 한탄하듯이 사적 이익에 몰두하는 부르주아로만 구성되어 있는 근대 시민사회에서 어떻게 하면 자유인이 다시 형성되고 상실된 인류성이 회복될 수 있는가 하는 것이다. 이에 대한 헤겔의 답변은 없다. '비극 속에서의 화해'는 헤겔의 개인적인 화해일 뿐이다. '인류 속의 비극'이 목표로 하는 '분화 속의 통일' 중에서 분화와 상실만이 엄습할 뿐 통일의 길은 아직 보이지 않고, 고통스러운 비극의 현실은 여전히 현존하고 있기 때문이다. 헤겔은 고통이 직관을 통해 이념화됨으로써 극복될 수 있다고 주장하지만, 그렇다고 해서 고통 그 자체 그리고 고통받는 사람들이 존재한다는 사실은

---

37) W. Benjamin, "Über den Begriff der Geschichte," in Gesammelte Schriften Bd. I-2: *Abhandlungen*, Frankfurt/M., 1991, 697쪽 이하.
   후기의 헤겔은 *Vorlesungen über die Ästhetik III*, Werke 15, 555쪽 이하에서 문학장르로서의 '근대적 비극'에 대해 언급한다. 그러나 헤겔에 따르면 근대적 비극을 특징짓는 것은 주관적 내면성 속에서의 성격의 분열과 대립 그리고 이를 촉발시키는 우연한 외적 환경일 뿐이다. 근대에는 고대와 같은 필연적이고 객관적인 운명으로서의 비극적 현실은 존재하지 않는다고 본다.

38) F. Rosenzweig, *Hegel und der Staat*, Bd. 1, München-Berlin, 1920, 164쪽 참조.

사라지지 않는다.

자연법과 실증법학의 관계

이상과 같은 절대적 인륜성과 자연법의 이념에 준거하여 헤겔은 이제 실증법학을 비판한다. 이때 실증법학이란 주어진 경험적 여건 아래의 사회적 관계를 형식적으로 도식화한 실정법만을 법으로 인정하고 이를 체계화하려는 학문을 말한다. 이에 대해 헤겔은 법공동체의 구체적인 삶의 지평과 그 역사적 연관, 즉 절대적 인륜성을 총체적으로 파악하는 철학적 법이념을 참다운 자연법으로서 그 상위에 놓는다. 헤겔이 부정하려는 것은 실정법에 관한 학문의 존재 자체나 그 필요성이 아니다. 절대적 인륜성이 내적으로 구조화된 체계이어야 하듯, 철학에서도 그 개별적인 측면들과 부분들이 자립성을 획득하여 "고유하면서도 자유로운 학적 형성"(65쪽)을 통해 개별학문들로 발전하는 것은 바람직할 뿐만 아니라 필연적이기도 하다. 법에 관한 학문 역시 이렇게 분화된 철학의 한 본질적인 부분이다. 그런데 실증법학의 결함은 다름 아닌 그 실증성에 있다. 실증성은 "억견 속에서 현실을 증거로 끌어들이는 사유가 (……) 대립 속에 있고 규정성들을 고수하여 사념물이나 상상물들을 절대적인 것으로 간주하면서 그것에서 자신의 원칙들을 얻는"(157쪽) 것에서 발생한다. 이렇게 직접적 경험을 자신의 유일한 학적 원리로 인정함으로써 법에 관한 학문은 "진정한 학문이라는 권리주장을 포기한 채 경험적 지식들의 모음"(63쪽)으로 전락하게 되었다. 헤겔이 실증법학에서 문제삼는 점은 개별학문으로의 분화가 아니라 개별규정들의 격리와 고착화를 통해 철학적 이념에서 괴리되었다는 사실이다. 이에 대해 헤겔은 법학을 자연법의 철학적 이념 안으로 다시 소환하고자 한다. "철학은 부분들을 넘어선 전체의 이념 안에 서 있으며 이를 통해 각 부분을 그 한계 내에 잡아두고 또한 이념 자체의 존엄성을 통해 부분이 무한히 세밀하게 자신을 분할하면서 무성해지지 않도록 방지한다"(164쪽 이하).

자연법에 관한 학문이 실증법학으로 변질되는 원인을 헤겔은 그 형식적·방법론적 측면과 내용적·역사적 측면 두 가지에서 찾는다. 우선 형식적인 면에서 보면 "관념적인 것 내지 대립되고 일면적인 것이자 오직 대립자와의 절대적 동일성 속에서만 실재성을 갖는 것이 고립되고 대자적으로 존재하는 것으로 정립되어 어떤 실제적인 것으로 언표됨으로써"(161쪽), 즉 경험적 억견이 유한한 규정을 절대적인 것으로 간주함으로써 실증주의가 형성된다. '실재성의 체계'에서만 제한적으로 적용되는 소유와 계약에 관한 시민법을 국법이나 국제법에까지 확장시키는 근대 사회계약론이 그 전형적인 예이다. 그러나 마치 유기체의 한 기관이 전체를 위한 한 부분으로서 기능하지 않고 오히려 전체를 지배하려 할 경우 유기체가 병들고 죽게 되는 것처럼, 국가를 이익 당사자들 간의 계약관계로 파악할 때 국가의 보편성과 인륜성은 파괴되고 만다.

그런데 이러한 방법론적 오류는 더욱 근본적인 역사적 요인에 기인한다. 법실증주의의 모태는 역사실증주의이다. "특정한 관습에 부여되어 있었고 보편성 내지 동일성의 부정적으로 절대적인 것인 법률의 형식은 그 단계의 규정에 즉자적으로 존재하는 것이라는 허상을 제공한다"(171쪽). 특히 기존의 관습과 인륜성은 사라지고 새로운 관습은 아직 법률의 보편적 형식으로 결집되지 않아서 현재적 삶의 양식과 법률 간의 괴리가 생기는 '과도기의 불행'에서 추상적인 실정법에만 매몰되는 법실증주의가 발생하게 된다. 그러나 "참된 관습을 법률의 형식으로 이끌지 못하는 미숙함 그리고 이 관습을 사유하여 자신의 것으로 간주하고 인정하는 것에 대한 불안은 야만성의 징표"(152쪽)인데,

실증법학은 바로 이러한 야만 시대의 무의식적 산물이다.

이와 같은 요인들로 인해 실증법학은 필연적으로 원리적 한계를 지닐 수밖에 없다. 첫째로, 앞서 본 것과 같이 실증법학은 시민사회 내의 형식적 법관계만을 포착할 수 있을 뿐이며, 참된 인륜성과 실체적 정의를 이루어낼 수는 없다. 둘째로, 실증법학의 현실적 토대가 되는 시민사회가 끊임없는 대립과 충돌 속에 있기 때문에, 실증법학에서는 학적 완결성이 불가능하다. 인륜성의 총체적 이념과 구성원들의 삶 속에서의 그 체현을 결여한 채 법률규정들의 양적 팽창을 통해 사회적 안정을 기하고 학적 완성을 이루려는 시도는 자르면 자를수록 오히려 더 무성해지는 히드라를 잘라 억제하려는 시도처럼 악무한(惡無限)에 빠지는 소용없는 일이다. 셋째로, 실증법학이 절대적이라고 내세우는 법규정들은 실은 상대적이고 유한한 것들이다. 그래서 그것에 반대되는 규정이 경험에서부터 똑같은 권리로 도출될 수 있다. 예를 들면 의지의 자유 그리고 이와 연관된 처벌의 정당성 문제, 소유권 문제 등이 그러하다. 그런데 여기서 실증주의는 그것의 원리가 되는 경험의 의미를 오해하고 있다. 실증주의는 감각적 직관 속에 직접적으로 소여된 개별적인 사태를 경험이라고 부른다. 그러나 의식되지 않고 사유되지 않은 감각적 소여는 아직 엄밀한 의미의 경험이라 할 수 없다. 엄밀한 의미의 경험이란 "직접적 직관 자체가 아니라 지성적인 것으로 고양되어 사유되고 설명되고 직접적 직관의 개별성에서 벗어나 필연성이라고 언표된 직관"(157쪽)을 말하기 때문이다.[39] 그런데 무엇이 사유에 속하고 무엇이 그렇지 않은지를 판정하는 것은 억견이 아니라 철학이다. 바로 이러한 사실에서 참된 자연법론이 실증법학을 그리고 "철학이 억견을 장악할 완전한 권한이 입증될 수 있다"(157쪽).

---

39) 헤겔의 경험개념에 대해서는 『정신현상학』, 60쪽 이하 참조.

실증법학에 대한 철학의 우위 그리고 실정법에 대한 자연법의 우위를 헤겔은 ─ 비록 그 자신이 명확하게 구분하지는 않지만 ─ 다음과 같은 세 가지 단계의 논변들로 제시한다.

첫째로, 실정법의 정당성은 경험적 방법을 통해서건 선험적 방법을 통해서건 그 개별적 규정 자체에서가 아니라 인륜적 총체인 민족의 특성과의 연관 속에서 비로소 파악되고 확보될 수 있다. "이같은 전체의 개별성과 한 민족의 특정한 성격으로부터 또한 절대적 총체성이 자신을 조직화하는 전체 체계가 인식되어야 한다. 어떻게 헌정과 입법의 제반 부분들, 인륜적 관계들의 제반 규정이 전적으로 전체에 의해 규정되어 있으며, 어떠한 결합도 또 어떠한 장식물도 홀로 선천적으로 현존하지 않고 그 각각이 전체를 통해 생성되어 전체에 예속되어 있는 하나의 건물을 형성하는지가 인식되어야 한다"(170쪽). 이러한 총체적 인식의 모범적인 사례로 헤겔은 몽테스키외(J.-Fr. Montesquieu)의 『법의 정신』(De l'esprit des lois)을 든다. 법률의 입법과 해석 그리고 적용 등은 그 민족의 생활양식과 관습 속에 구현되어 있는 민족정신에 따라 이루어져야 한다는 것이다.

둘째로, 법이 해당 민족의 인륜적 삶의 한 역능이듯이, 각각의 개별적인 민족정신은 다시 더 상위에 있는 인륜적 총체인 '세계정신'의 역사의 한 특정한 고리이다. 역사의 필연성에 따르면 "총체성은 인륜적 개체 내지 민족에서 자신을 분산된 규정들의 존립으로 드러내야 하고, 인륜적 개체 내지 민족이 현재 속에 정립되는 사슬의 개별적인 고리가 흘러가고 다른 고리가 들어서야"(171쪽) 한다. 각 국가의 법은 그 민족이 처해 있는 시대의 산물이다. 이러한 법의 역사성을 파악할 때에만 자연법은 첫번째 관점에서 등장할 수 있는 문화적 상대주의를 극복할 수 있다. 그러나 이 두번째 관점은 다시 역사적 상대주의를 낳을 위험을 안고 있다. 어떤 제도나 법률이 그 내용이 무엇이건 그 시대정신을 충실히 반영하는 한 정당화될 것이기 때문이다. 실제로 헤겔은 봉건제도나 노예제도가 선험적 관점에서 전적으로 그릇된 것이라고는 할 수 없으며, 그 민족이 자유와 법을 스스로 쟁취하고 감당할 능력이 없을 경우 "이러한 관계가 인륜성의 유일하게 가능한 형식이며, 따라서 필연적이고 정당하고 인륜적인 형식이다"(169쪽)라고 말한다. 그렇다고 헤겔이 봉건제도나 노예제도를 옹호하려는 것은 결코 아니다. 역사의 역사성은 동시에 수구적 역사주의에 대한 비판의 무기가 될 수 있다. 현재 통용되고 있는 실정법이 그 타당성의 근거를 현재 속에 지니고 있지 못하고 오로지 지나간 과거에서만 찾을 수 있다면, 그것은 "위력과 권력을 지니고 있을지라도 오히려 역으로 이제 생동하는 현재 속에서는 그 법률에 오성과 의미가 결여되어 있다는 점을 바로 입증"(172쪽)하며, 따라서 "오직 몰상식하고 아무런 내적 의미도 없는 파렴치한 권능만 지닌 것"(173쪽)으로 간주되어야 한다.[40]

셋째로, 무엇이 현재 생동하는 것이고 무엇이 지나간 과거의 역사에 속하는지를 판정하고 역사적 상대주의에서 벗어나기 위해서 우리는 보편사적 원리를 상위심급으로 요청할 수밖에 없다. 헤겔의 후기 역사철학에서는 이러한 원리가 "자유의식 속의 진보"로 정식화되어 명확하게 제시되는 반면,[41] 「자연법」 논문에서는 선험적 이성주의에 대한 극단적인 거부감으로 인해 이 세번째 단계가 그리 선명하게 부각되지 않는다. 그러나 우리는 헤겔의 형벌론에서 그 단초를 발견할 수 있다. 헤겔에 따르면 오직 응보론(應報論)만이 이성적이다. 복수, 사회방위, 위하(威嚇)를 통한 범죄예방, 범죄자의 교화와 개선 등과 같은 것은 모

---

40) 법실증주의와 역사법학파에 대한 후기 헤겔의 비판으로는 특히 『법철학』, §3 A. 참조.
41) Hegel, *Die Vernunft in der Geschichte*, Hrsg. von J. Hoffmeister, Hamburg, 1955, 63쪽.

두 경험적인 규정들이고, 이에 대해서는——위에서 본 것과 같이——그에 대립되는 규정들을 동등한 경험적 권리를 가지고 주장할 수 있다. 오직 응보적 처벌만이 처벌받는 자도 자유롭게 되고 처벌하는 자도 자유롭고 이성적으로 행동하는 "자유의 표현"(158쪽)이고 "자유의 복구"(117쪽)이다. 여기서 자유의 실현은 역사적 단계의 특수성에 따라 이루어질지라도 자유 자체는 역사를 관통하는 보편사적 원리로 사유되고 있다. 후기의 『법철학』에서 헤겔은 바로 자유의지의 이성적 법칙에 따라 법체계를 구성하게 된다.

이처럼 법에 관한 학문이 절대적 인륜성의 총체성 속에서 사유되고 형성될 경우에는 "실증법학이라고 부르는 것의 상당한 부분, 어쩌면 그 전체가 완전하게 발전되고 확장된 철학에 속할 것이고, 실증법학이 자신을 고유한 학문으로 구성한다는 이유로 철학에서 배제되지도 않고 또 철학과 대립해 있지도 않다"(155쪽)고 헤겔은 결론짓는다.

자연법에 대한 학적 취급방식들, 실천철학에서 자연법의 지위와 실증법학과의 관계에 대하여

자연법(Naturrecht)에 관한 학문은 역학이나 물리학 같은 다른 학문들과 마찬가지로 오래 전부터 본질적으로 철학적인 학문으로 인정받아왔으며, 또 철학은 부분들을 가지고 있어야 하므로 그것은 철학의 본질적인 부분 가운데 하나로 인정받아왔다. 그러나 다른 학문들과 함께 자연법에 관한 학문은 철학의 철학적인 것이 오로지 형이상학에 놓이고 이 학문들에는 철학적인 것에 조그마한 지분만 허락될 뿐 그 특수한 원리에서는 이들이 이념(Idee)과는 완전히 독립적으로 다루어지게 되는 운명을 공통적으로 맞이하게 되었다. 예로 거론된 학문들은 결국 많든 적든 간에 철학과 괴리되었음을 고백할 수밖에 없게 되었다. 그래서 이 학문들은 경험이라고 불리곤 하는 것을 자신의 학적 원리로 인정함으로써 진정한 학문이라는 권리주장을 포기한 채 경험적 지식들의 모음으로 이루어진 것에 만족하고 어떤 객관적인 것을 주장하려 하지 않으면서 오성개념(Verstandesbegriff)[1]들을 구걸하여 차용

---

1) 오성은 대상의 한 측면을 분리하고 추상화하여 특정한 개념으로 고정시키는 사유능력을 말한다. 대립된 규정들의 통일을 파악하여 총체적인 이념을 인식하는 이성과는 달리 오성적 규정들은 대립 속에 고착됨으로써 일면적이고 유한하고 추상적인 것에 머문다. 헤겔은 근대의 학문들이 이러한 오성적·개념

하도록 강요받게 되었다. 스스로를 철학적 학문이라고 부르던 것들이 철학과 학문 일반의 범주에서 처음에는 자신의 의지에 반하여 배제되다가 결국에는 이러한 위상마저 스스로 단념해버렸다면, 이러한 배제의 이유가 그와 같은 이른바 학문들이 철학이라는 학문 자체에서 출발하지 않았고 철학과 의식적인 연관을 유지하지 않았다는 점에 있는 것은 아니다. 철학의 각 부분들은 그 개별성(Einzelheit)에서 자립적인 학문이 될 수 있는 능력이 있고 또 이 자립적인 학문은 절대적인 것(das Absolute)에 의해서 진정한 학문이 되는 것이므로 철학의 부분들 각각은 완전한 내적 필연성을 획득할 수 있는 능력이 있기 때문이다. 이러한 [개별학문이라는] 형태(Gestalt)[2] 속에서 오직 절대적인 것만이 고유한 원리인데, 이 원리는 이러한 형태가 지닌 인식과 자유의 영역을 넘어서 있으며 이 원리와 관련해서 그런 형태란 외적 필연성에 속하는 것이다. 그러나 이념 자체는 그와 같은 규정성으로부터 자유롭게 남아 있다. 이념은 모든 학문의 본질이며, 절대학문인 철학에서는 순수한 이념으로 존재한다. 비록 특수학문의 학적인 것 또는 그 내적 합리

적 사유에 사로잡혀 있음을 비판한다.

이이 시기의 헤겔은 한편으로는 베른 시기나 프랑크푸르트 시기와는 달리 개념을 직관과 함께 절대적 이념의 한 계기로 인정하지만, 다른 한편으로는 개념의 자기운동을 통해 이념에 도달하려는 후기 논리학과는 달리 개념을 차별성과 유한성 속에 머무르는 오성의 산물로 보고 있다. 이는 곧 셸링의 동일철학에 경도되었던 이 시기의 헤겔이 칸트가 설정한 오성의 한계를 비판하면서도 이와 대립되는 원리인 직관과의 통일을 주장할 뿐 바로 개념을 통해 오성의 한계를 내재적으로 극복하는 변증법적 사변논리학을 정립하는 데에는 아직 이르지 못하고 있음을 말해준다.

2) 헤겔에게서 '형태'(Gestalt)는 원리가 되는 정신 내지 이념이 외화를 통해 경험적 현실 속에서 나타나는 구체적인 모습을 뜻하는 용어이다. 예를 들어 사랑의 형태는 가족이고 절대적 인륜성의 형태는 국가이다. 정신은 자기형태화를 통해서만 비로소 구체성을 획득한다. 역으로 형태는 그것이 경험적 현존재라는 점에서 정신에 대해 타자성을 갖지만, 정신은 그것이 자기 자신의 외화태임을 인식함으로써 그의 형태 속에서 자기동일성과 자유를 유지한다.

성이 이러한 이념의 순수한 형식으로 드러나 고양되지는 않지만, 마치 절대적 생명이 각각의 생명체에서 자신을 표현하듯이 이념은 특수학문 속에서 자신을 순수하게 반영할 수 있다. 한 학문의 그와 같은 고유하면서도 자유로운 학적 형성이라는 면에서 기하학은 다른 학문들의 부러움을 사는 훌륭한 사례를 보여준다. 또한 앞서 말한 배제의 이유는 위에서 언급한 것과 같은 특성을 지닌 학문들이 본래 경험적인 까닭에 모든 실재성(Realität)이 부인되어야 한다는 점에 있는 것도 아니다. 철학의 각 부분들이나 각 측면들이 자립적인 학문이 될 수 있는 것과 같이, 바로 이와 더불어 각각의 측면들은 또한 하나의 자립적이고 완성된 상(像, Bild)이며, 고착된 개념으로 오염되지 않도록 스스로를 순수하고 행복하게 보존하는 직관(Anschauung)은 그것들을 상의 형태로 수용하고 서술할 수 있기 때문이다.

그러나 학문의 완성이 요구하는 것은 직관과 상이 논리적인 것(das Logische)과 통합되어 순수하게 이념적인 것(das Ideelle) 안으로 수용되는 것만이 아니다. 그것은 또한 참되지만 분화되어 있는 학문에서 그 개별성을 제거하여 그 원리가 자신의 더 높은 차원의 연관과 필연성에 따라 인식되고 이를 통해 원리 자체가 완전히 해방되는 것도 요구한다. 이렇게 함으로써만 학문은 이러한 인식과 해방 없이는 무지할 수밖에 없는 자신의 한계 역시 인식할 수 있게 된다. 그렇지 않을 경우 학문은 자기 자신을 넘어서게 되어서, 그 규정성에 따라 〔제한된〕 자신의 원리의 본성이 절대적 형식 속에 있는 것처럼 인식할 수밖에 없게 될 것이다. 왜냐하면 이런 인식에서부터 곧 학문이 지닌 상이한 규정들의 동등성(Gleichheit)이 확대된다는 〔그릇된〕 인식과 확신이 뒤따를 것이기 때문이다. 그런데 그렇게 함으로써 학문은 자신의 한계에 대해 단지 경험적인 태도만을 취할 수 있을 뿐이다. 그래서 때로는 한계를 넘어서려는 그릇된 시도를 감행하고, 또 때로는 한계를 본래보다 더 협소하게 여겨서 전혀 예기치 못했던 확장을 경험할 수밖에 없게 된다. 이에 대해 —— 예를 들어 사각형의 대각선과 변 사이의 통약불가 능성은 증명하지만 원의 지름과 원주 간의 통약불가능성은 증명하지 못하는* —— 기하학 역시, 산술학은 더욱더, 그리고 양자의 통합은 학문이 한계의 어둠 속에서 이리저리 더듬거리고 있는 것에 대한 가장 좋은 사례를 보여준다.

비판철학(kritische Philosophie)은 이론적 학문들이 지니고 있는 학문적인 것이란 어떤 객관적인 것이 아니라 무(無, Nichts)와 실재 사이의 중간물, 존재와 비존재의 혼합에 속하는 것이라고 입증했고 또 그들이 한낱 경험적인 억견(臆見, Meinen) 속에 있을 뿐이라고 자인하도록 만드는 중요한 부정적인 영향을 미쳤다. 그러나 이때 비판철학이 지닌 긍정적인 점은 이런 면에서 더욱 빈곤하게 되었으며 철학의 이론적 학문들을 되찾아줄 능력을 잃게 되었다. 반면에 비판철학은 절대적인 것을 전적으로 실천철학에 놓았는데, 이 실천철학에서는 비판철

---

* 피히테는 (『자연법론』의 서론에서[3]) 후자가 지닌 통약불가능성의 근거에 대한 통찰을 단순화하는 데 일정한 기여를 했다. 즉 굽은 것은 정녕 곧지 않다는 것이다. 이러한 근거가 지닌 피상성은 자명하며, 또한 둘 다 직선인 사각형의 대각선과 변의 통약불가능성 및 포물선의 구적법(求積法)에 의해 직접 반박된다. 여기서 건전한 상식은 수학적 무한성에 대해 다음과 같이 도움을 구한다. 즉 무수히 많은 면을 가진 다각형은 바로 그것이 무수히 많은 면을 가진 다각형이기 때문에 측정될 수 없다는 것이다. 그런데 바로 이런 식의 도움이 부분적으로는 그 안에서 절대적 이념이 실현되어야 할 무한진행에 대해서도 제공되어야 할 것이다. 또한 부분적으로는 이를 통해서 문제의 요점, 즉 무한한 집합(Menge)이 아니라 동일성(Identität)인 긍정적 무한성에 대해 그것이 정립되어야 하는지 아닌지 아무것도 규정되어 있지 않다. 이는 통약가능성 또는 통약불가능성에 대해 전혀 규정되어 있지 않다는 말과도 같다 - 원주.

3) J. G. Fichte, *Grundlage des Naturrechts nach Prinzipien der Wissenschaftslehre*(이하 '*Naturrecht*'로 줄여 씀), in Fichtes Werke, Hrsg. von I. H. Fichte, Bd. III: *Zur Rechts- und Sittenlehre I*, Berlin, 1971. 이하에서 피히테의 저서는 I. H. Fichte의 편집본에 따라 표기한다.

학이 긍정적인 지(知, Wissen) 또는 독단적인 지가 된다. 우리는 스스로를 선험적 관념론(transzendentaler Idealismus)이라고도 일컫는 비판철학을 일반적으로 그리고 특히 자연법에서 다음과 같은 대립의 정점으로 보아야 한다. 마치 물 표면의 원이 운동이 시작되는 지점에서부터 동심원으로 퍼져나가 결국에는 작은 운동들 속에서 중심점과의 관련을 잃고 무수하게 되는 것처럼, 여기서 대립은 이전의 학문적 기도(企圖)에서는 미약했던 시초가 지닌 미개함의 폐쇄성에서 벗어나 〔그 이전의 학문들은 이론적으로 성숙하지 못했기 때문에 대립을 전개시키지 못했던 반면에〕비판철학에서는 대립이 무한성의 절대적 개념을 통해 자신을 드러내고 또 무한성으로서 스스로를 지양할 때까지 점점 더 확대된다. 그러므로 자연법에 대한 이전의 취급방식들과 자연법의 여러 원리들로 간주되어야 했던 것에서는 학문의 본질을 위한 어떠한 의미도 모두 부인될 수밖에 없다. 오로지 절대적 부정성 내지 무한성만이 학문을 위한 것인데, 지금까지의 자연법에 대한 취급방식들과 원리들은 비록 대립과 부정성(Negativität) 속에 있을지언정 절대적 부정성 내지 무한성 속에 있지 않으며, 긍정적인 것(das Positive)만큼이나 부정적인 것(das Negative) 또한 순수하게 지니고 있지 않은 이 둘의 혼합에 지나지 않기 때문이다. 오직 학문의 역사적인 면에 대한 호기심만이 이들 곁에서 지체할 수 있을 것이다. 그렇게 지체하는 것은 이들을 절대적 이념(absolute Idee)과 비교하여 절대적 이념이 왜곡될 때조차 나타나는 다음과 같은 필연성을 간과하기 위함이다. 즉 절대적 형식의 계기들은 필연적으로 그 원리가 되는 규정성을 통해 자신을 뒤틀어서라도 드러내고 또 제한된 원리의 지배 아래에서조차 이러한 시도들을 지배한다. 또한 그렇게 지체하는 것은 세계의 경험적 상황이 학문이라는 관념적 거울 속에서 반영됨을 보기 위함이기도 하다.

왜냐하면 **후자와** 관련해서는, 모든 사물들의 연관 속에서 경험적 현존재나 그 어느 학문의 상태도 그와 마찬가지로 세계의 상황을 표현하지만 자연법의 상태가 이를 가장 비근하게는 표현하기 때문이다. 이는 자연법이 모든 인간사(人間事)를 움직이는 것인 인륜(das Sittliche)에 직접 관련되어 있는 까닭이다. 또한 그것은 자연법에 관한 학문이 현존재를 지니고 있고 필연성에 속하며, 그에 못지않게 필연성 속에 존재하는 인륜의 경험적 형태와 자연법이 하나이어야 하고 이 형태를 학문으로서 보편성(Allgemeinheit)의 형식으로 표현해야 하는 한에서 그러하다.

전자와 관련해서는, 한 학문이 절대적인 것 속에 있는가 아니면 절대적 통일(absolute Einheit) 밖에, 즉 대립 속에 있는가 하는 것만이 그 학문이 지닌 원리의 진정한 구분으로 인정될 수 있다. 그런데 뒤의 경우 그 학문의 원리가 어떤 하나의 불완전하고 상대적인 통일(relative Einheit)이나 관계(Verhältnis)의 개념이 아니라면 그리고 또한 그것이 한낱 인력(引力)이라는 명칭 아래 관계 자체나 합일의 힘이라는 공허한 추상에 불과하다면, 그와 같은 학문은 전혀 학문이 될 수 없을 것이다. 그 원리가 관계개념이 아니거나 단지 합일의 공허한 힘일 뿐인 그런 학문들에는 어린이가 세계에 대해 차별화하는 최초의 이념적인 관계, 즉 학문들이 그 안으로 경험적인 성질(Qualität)들을 정립하고 그 다양성을 열거할 수 있는 표상의 형식 이외에 어떠한 이념적인 것도 남지 않는다. 이들을 주로 경험적 학문들이라고 부를 것이다. 그러나 실천적 학문들은 그 본성상 어떤 실제로 보편적인 것 또는 차별자의 통일인 그런 통일을 지향한다. 그렇기 때문에 실천적 경험 속에서는 감각적 지각(Empfindung)조차 순수한 성질이 아니라 그것이 자기보존의 충동처럼 부정적인 것이건 아니면 사랑·증오·사교성 같은 긍정적인 것이건 간에 관계들을 내포할 수밖에 없다. 그리고 더 학적인 경험이 일반적으로 저 순수한 경험과 구분되는 점은 그 대상이 성질들이라기보다는 관계들이라는 것을 통해서가 아니다. 더 학적인 경험은 이 관계들을 개념의 형식 안에 고정시키고 이같은 부정적 절대성을 고수하되 그러한 통일의 형식과 그 내용을 분리시키지 않는다는 것을 통해서 앞서의 순수한 경험과 구분된다. 우리는 이들을 **경험적 학문들**(empirische Wissenschaften)이라고 부를 것이다. 반면에 그 안에서는 대립이 절대적이어서 순수한 통일 또는 무한성 내지 부정적으로 절대적인 것(das negativ Absolute)이 내용에서 순수하게 분리되어 대자적(對自的)으로 정립되어 있는 학문 형식을 순수형식적 학문(rein formelle Wissenschaft)이라고 부를 것이다.

이로써 자연법에 대한 학적 취급의 두 가지 그릇된 방식들 간의 특유한 구별이 확립되었다. 이에 따르면 그 하나의 원리는 관계들 그리고 경험적 직관과 보편의 혼합인 반면, 다른 하나의 원리는 절대적 대립과 절대적 보편성이다. 그러나 그 두 요소인 경험적 직관과 개념은 같은 것이라는 점과, 형식주의(Formalismus)가 그 순수한 부정(Negation)에서부터 하나의 내용으로 이행(移行)하는 것과 마찬가지로 관계들이나 상대적 동일성(relative Identität)들에밖에 도달할 수 없다는 점은 자명하다. 형식주의가 그러한 까닭은 순수하게 이념적인 것 내지 대립이 절대적으로 정립되어 있어서 절대적 이념과 통일이 현존하지 않기 때문이다. 또한 절대적 대립 또는 순수하게 이념적인 것의 절대태(絶對態, Absolutsein)라는 원리와 더불어 〔그에 대치되는〕 경험이라는 절대적 원리가 정립되어 있으므로, 직관과 관련하여 ──종합이 대립의 한 부분을 지양(止揚, Aufhebung)한다는 단지 부정적인 의미만이 아니라 직관의 긍정적인 의미 역시 지니고 있어야 하는 한에서는── 〔형식주의의〕 종합들이 단지 경험적 직관들을 표상하기 때문이다.

우선 자연법에 대한 학적 취급의 이 두 가지 방식을 좀더 자세히 특징지어

보자. 첫번째 [경험주의적] 방식은 절대적 이념이 절대적 형식의 계기들에 따라 이 방식에서 나타나는 양식과 관련하여 특징짓겠다. 그리고 두번째 [형식주의적] 방식은 무한한 것 또는 부정적으로 절대적인 것이 어떻게 자연법을 헛되이 하나의 긍정적인 조직체로 만들려고 하는지에 따라 특징짓겠다. 후자의 시도에 대한 분석은 직접 철학적 학문으로서 인륜에 관한 학문들이 지닌 본성과 관계에 대한 고찰과 그것이 실증법학(positive Rechtswissenschaft)이라고 불리는 것과 갖는 관계에 대한 고찰로 이끌 것이다. 여기서 실증법학은 자신을 비록 철학의 외부에 놓고 스스로 철학을 포기함으로써 철학의 비판을 모면할 수 있으리라고 믿으면서 또한 동시에 그래도 자기가 절대적 존립과 참된 실재성을 지니고 있다는 묵과할 수 없는 외람된 주장을 편다.

〔 I 〕

우리가 **경험적** 방식이라고 일컬은 자연법의 **취급방식**에 관해서는,[4] 우선 이 방식이 채용하고 원칙이라는 이름 아래 통용시키는 규정들과 관계개념들 자체를 무릇 그 소재에 따라 다룰 수는 없다. 다만 여기서 부정되어야 할 것은 바로 그와 같은 규정들의 격리와 고착화이다. 이러한 격리가 지닌 본성은 학적인 것이 단지 통일의 형식만을 문제삼게 되고, 학적인 것이 그로 분할되는 여러 가지 성질들의 유기적 관계들 중에서 이 성질들을 단순히 열거하는 것이 아니라 이러한 집합을 넘어선 하나의 통일에 도달하려면 어느 한 규정을 부각시켜서 이 규정을 관계의 본질로 간주할 수밖에 없게 되는 결과를 가져온다. 그러나 이를 통해서는 유기체의 총체성(Totalität)에 도달하지 못하며, 선택된 규정에서 배제된 그밖의 다른 것들은 본질과 목적으로 격상된 규정의 지배를 받게 된다. 이처럼 예를 들면 혼인관계를 인식하기 위해서 때로는 번식이, 때로는 재산의 공유 등이 설정되는데, 본질적인 것이라고 하여 법칙(Gesetz)으로 만들어진 이러한 규정에 의해 유기적 관계 전

---

4) 여기서 헤겔은 홉스(Th. Hobbes), 로크(J. Locke), 흄(D. Hume) 등으로 대표되는 17세기의 경험주의적 자연법 사상, 그중에서도 특히 홉스의 이론을 염두에 두었다.

체가 규정되고 혼탁해진다. 또는 처벌에 관해서는 때로는 범죄자의 도덕적 개선, 때로는 저질러진 상해, 때로는 처벌에 대한 다른 사람들의 표상, 때로는 범죄에 선행하는 범죄자 자신의 처벌에 대한 표상, 때로는 이런 표상이 실제가 되고 위협이 실행되리라는 필연성 등등의 규정이 채용되고 그러한 개별성이 목적과 본질로 만들어진다. 그러면 당연히 그 규정은 좀더 탐구되고 구분되어야 할 그밖의 다른 규정들과 필연적인 연관을 갖지 않는 까닭에 다른 규정들에 대한 〔선택된〕 한 가지 규정의 필연적 관련과 지배를 찾기 위한 끝없는 곤혹스러움이 발생한다. 또한 개별성에는 존재하지 않는 내적 필연성이 결여되어 있으므로 각각의 규정은 다른 규정들로부터의 독립성을 반환받기를 얼마든지 청구할 수 있게 된다. —— 경험적인 직관이나 불완전하게 반성된 직관에 의해 유기적인 것이 분산되어 있는 그러한 관계들의 다수성(多數性, Vielheit)으로부터 채용되어 개념단위(Begriffseinheit)의 형식으로 정립된 이 성질들이 바로 저 〔경험적〕 지(知)가 본질과 목적이라고 부르는 것이다. 그리고 이 성질들은 그 개념이 지닌 형식이 개념의 내용을 이루는 규정의 절대적 존재로 표현됨으로써 원칙·법칙·의무 등으로 제시된다. 이렇게 부정적 절대성 내지 순수한 동일성이고 순수한 개념이며 무한성인 순수한 형식의 절대성이 그러한 형식 속에 수용되어 있는 내용과 규정의 절대성으로 변형되는 것에 관해서는 비판철학의 원리를 다룰 때에 좀더 자세히 이야기될 것이다. 여기서 논의되는 경험적 지에서는 무의식적으로 일어나는 이와 같은 변형을 비판철학은 의식적으로 그리고 절대적 이성과 의무로 삼아 수행한다.

이러한 규정성은 사유에 의해 형식적 통일 속으로 정립되는데, 이 형식적 통일이 또한 학문이 추구하는 필연성이라는 허상을 주는 것이기도 하다. 대립자들의 통일이 이 대립자들과 관련해서 실제적인 것으로 고찰되면 이것이 곧 그들의 필연성이기 때문이다. 그러나 지금 논의되고 있는 형식적 통일의 질료는 대립자들의 전체가 아니라 단지 대립자들 가운데 하나, 그 한 규정이다. 그렇기 때문에 그 필연성 역시 단지 형식적인 분석적 필연성일 뿐이며 그 규정을 서술할 수 있는 한낱 동일적인〔동어반복적인〕혹은 분석적인 문장의 형식과만 관련될 뿐이다. 그런데 이 문장의〔형식적〕절대성을 통해 또한 그 내용의 절대성 역시 도용되고, 이렇게 해서 법칙과 원칙들이 구성되는 것이다.

그러나 이러한 경험적 학문은 그중 어느 것도 절대적이지 않은 원칙·법칙·목적·의무·권리(Recht)[5] 들의 다양성 속에 있다. 그래서 이렇게 연관성 없는 규정들 모두 절대적 통일에 대한 그리고 근원적이고 단순한 필연성에 대한 상(像)과 욕구가 동시에 경험적 학문에 생길 수밖에 없다. 우리는 이성에서 비롯되는 이러한 요구를 경험적 학문이 어떻게 만족시키는지 또는 경험적 지에는 극복될 수 없는 다수(das Viele)와 하나(das Eine)의 대립이 지배하는 가운데 어떻게 절대적 이성이념(Vernunftidee)이 그 자신의 계기들 속에서 서술되는지를 고찰할 것이다. 이러한 학문적 기도와 그 혼탁한 매개물 속에서조차 절대적인 것이 반영되고 지배함을, 그러나 동시에 그것이 전도(顚倒)됨을 보는 것은 부분적으로는 그 자체로 흥미롭다. 또 부분적으로는 여기서 절대적인 것의 계기들이 획득한 형식들이 일종의 선입견과 의심할 여지가 없는 보편타당한 사상이 되었다. 그러나 학문은 이러한 선입견과 상식에 전혀 개의치 않는다는 점을 정당화하기 위해 우리의 비판은 이들의 무가치함(Nichtigkeit)을 보여주어야 한다. 이와 같은 무가치함은

---

5) 독일어에서 'Recht'는 '권리'와 '법'이라는 의미를 동시에 가지고 있으며, 헤겔 역시 이 단어를 (의도적으로) 이러한 이중적인 의미로 사용하였다. 문맥에 따라 두 번역어를 병용할 것이다. 또 이와 관련하여 'Gesetz'는 그것이 법학적 맥락에서 사용될 경우에는 '법률'로, 그밖에 일반적인 의미로 사용될 경우에는 '법칙'으로 옮긴다.

이들이 자라온 근거와 토대를 제시함으로써 가장 명확하게 입증된다. 이러한 근거와 토대는 이들을 성장시키고 자신의 취향과 본성을 이들에게 심어놓았지만 실재성을 결여한 것이다.

우선 학적 총체성은 경험적 학문에는 잡다한 것의 총체성 내지 완결성으로, 반면에 본래의 형식주의에는 일관성(Konsequenz)으로[6] 떠오른다. 경험적 학문은 자신의 경험들을 임의적으로 보편성으로 격상시킨 다음, 처음의 재료와는 모순되지만 그에 못지않게 권리가 있다고 사유되고 원칙으로 표방되는 다른 경험적 재료가 선행하는 규정의 결론을 더 이상 허용하지 않고 오히려 이를 포기할 것을 강요할 때까지 그가 사유하는 규정들을 가지고 귀결을 진행시킬 수 있다. 반면에 형식주의는 그 원리의 공허함이나 그가 도용한 내용이 무릇 허용하는 데까지 귀결을 확장시킬 수 있다. 이를 위해 형식주의에는 또한 완결성에 어긋나는 것을 경험적인 것이라는 오명 아래 그의 선천성(Apriorität)과 학문에서 자랑스럽게 배제할 권한이 있다. 형식주의는 자신의 형식적 원리들을 선천적이고 절대적인 것이라고 주장하며, 따라서 형식적 원리들로 장악할 수 없는 것은 비절대적이고 우연한 것이라고 주장하기 때문이다. 형식주의는 경험적인 것 일반으로 나아가는 것에 대해 그리고 어느 한 규정에서 다시 다른 규정으로 나아가는 것에 대해 피조건항(das Bedingte)에서 조건(Bedingung)으로 전진하는 형식적 이행을 강구하지만 이 조건이 또다시 하나의 피조건항이므로 [형식주의의 귀결은] 어쩔 수 없이 무한진행할 수밖에 없다. 그러나 이러한 무한진행을 통해 형식주의는 그가 경험이라고 부르는 것에 대한 모든 우월함을 포기한다. 그뿐만 아니라 피조건항이 조건과 갖는

---

6) 이하의 문장에서 헤겔은 'Konsequenz'를 '귀결지음', 그 결과로 도출되는 '귀결', 귀결과정의 '일관성' 등 복합적인 의미로 사용하였다.

연관 속에서 이 대립자들이 절대적으로 존립하는 것으로 정립되기 때문에 형식주의 자체가 경험적 필연성에 전적으로 함몰된다. 그리고는 대립자들을 묶는 데 사용하는 형식적 동일성 내지 부정적으로 절대적인 것을 통해 이 경험적 필연성에 진정한 절대성이라는 허상을 부여한다.

그러나 상(像)의 완결성과 귀결의 이와 같은 결합은 잡다한 것의 지위를 그것이 순수한 경험에 대해 존재하는 바대로 직접 바꾸어 놓는다. 이때 귀결이 형식주의의 더 완결된 형식적이고 공허한 귀결인가 아니면 그 하나에서 다른 것으로 이행하는 원칙들로서의 특정한 개념들을 가지고 비일관성 속에서만 일관적인 경험적 학문의 귀결인가 하는 것은 상관없다. 순수한 경험에 대해서는 각각의 잡다한 것이 다른 것과 동등한 권리를 가지며, 순수한 경험은 그 어느 규정도 다른 규정보다 선호하지 않는다. 그 한 규정은 다른 규정만큼이나 실제적이다. 이에 관해서는 아래에서 순수한 경험을 지금 논의되고 있는 학적 경험과 비교할 때 다시 논할 것이다.

이러한 형식적 총체성 다음으로 우리는 어떻게 절대적 통일이 근원적 통일(ursprüngliche Einheit)이라고 부를 수 있는 단순한 통일로도 나타나고 또 경험적 지의 반영(Reflex) 속에서의 총체성으로도 나타나는지를 고찰해야 한다. 절대적인 것 속에서는 하나이고 그들의 동일성이 곧 절대적인 것인 이 두 통일들이 경험적 지 속에서는 분리되고 상이한 것으로 등장할 수밖에 없다.

먼저 근원적 통일과 관련하여, 필연성의 본질인 근원적 통일이 현상에는 필연성의 외적인 끈이지만 그러한 통일이 경험에는 문제가 될 수 없다. 본질적 통일인 근원적 통일 속에서는 잡다한 것이 직접적으로 무화(無化)되어(vernichtet)[7] 있고 또 무(無)이기 때문이다. 경험의 원리는 잡다한 존재이므로 경험은 자신의 성질들을 절대적인 무로까지 밀고 들어가지 못한다. 경험에 대해서는 성질들이 절대적이며, 또한 성질들을 순전히 다수로 정립하는 개념에 의해 무한한 다수가 된다. 그러므로 근원적 통일은 한낱 가능한 만큼의 성질들의 단순하고 적은 양의 집합을 의미할 수 있을 뿐이다. 그런데 경험은 이것으로 그밖의 다른 성질들을 인식하는 데 충분하다고 믿는다. 대충 임의적이고 우연하다고 간주되는 것이 제거되고 최소한 필요한 만큼의 잡다한 것의 집합이 설정되는 이러한 이상(理想, Ideal)은 경험에는 물리적인 것 및 인륜적인 것에서의 **혼란**이다. 인륜적인 것에서 이러한 혼란은 때로는 주로 환상에 의한 존재의 모습 아래 **자연상태**(Naturzustand)로 표상된다. 또 때로는 주로 가능성과 추상의 형식 아래 경험적 심리학을 통해 인간에게서 발견되는 능력들의 열거로, 즉 인간의 **본성**과 **규정**으로 표상된다. 그리고는 이런 식으로 한편으로는 극히 필연적이고 즉자적이며 절대적이라고 주장하는 것을, 다른 한편으로는 동시에 비실제적이고 한낱 상상한 것이며 사념물(思念物)이라고 인정한다. 다시 말하면 저기서는 허구라고 인정한 것을 여기서는 한낱 가능성으로 인정한다. 이는 더할 나위 없이 극심한 모순이다.

법적 상태(Rechtszustand)의 뒤섞인 모습에서 모든 임의적이고 우연한 것을 분리시키고 나면 이러한 추상을 통해 바로 절대적으로 필연적인 것이 남을 수밖에 없다는 방식으로 즉자적인 것을 발견할 수 있으리라는 것은 즉자적인 것과 무상(無常)한 것의 혼탁한 혼합 속에 머무르는 상식(gemeiner Verstand)에는 더없이 이해하기 쉬운 일이다. 막연한 예감이 특수하고 무상한 것으로 간주할 수 있는 모든 것을 특수한 관습이나 역사, 교육 그리고 국가에 속하는 것으로 무시해버리고 나면, 벌거벗은 자연상태의 모습 아래 있는 인간 혹은 본질적인 가능

---

7) 'Vernichtung'은 문맥에 따라 '무화'(無化) 또는 '파괴'로 옮긴다.

성들을 지닌 인간이라는 추상물이 남게 되며, 필연적인 것을 발견하기 위해서는 이제 단지 바라보기만 하면 된다는 것이다.

또한 국가와 관련이 있다고 인식되는 것도 함께 제거해야 한다. 필연적인 것에 관한 혼란스런 모습은 절대적 통일이 아니라 한낱 단순한 잡다성, 가능한 한 특성이 적은 원자(原子)들만을 포함할 수 있을 뿐이며, 따라서 다수성의 원리가 도달할 수 있는 가장 약한 통일로서 원자들의 연결과 질서지음의 개념 아래 놓일 수 있는 것조차 이 다수성에 대해 차후적이고 비로소 부가되는 것으로서 다수성으로부터 배제되어 있기 때문이다. 이러한 구별에서 경험주의(Empirismus)에는 무엇보다 무릇 우연한 것과 필연적인 것 사이의 경계가 어디에 있는지, 즉 자연상태의 혼란이나 인간의 추상 속에서 무엇이 유지되고 무엇이 탈락되어야 하는지에 대한 어떠한 기준도 결여되어 있다. 여기서 지도적인 규정은 현실에서 발견되는 것을 서술하기 위해 필요한 것은 그만큼 현실 속에 들어 있다고 하는 것밖에는 될 수 없다. 저 선천적인 것에 대해 판정하는 원리는 후천적인 것(das Aposteriorische)이다. 법적 상태에 관한 표상 속에서 효력을 얻게 되어야 할 것이 근원적이고 필연적인 것과 갖는 연관을 밝히고 그렇게 해서 효력을 얻게 되어야 할 것 자체를 필연적인 것으로 밝히기 위해서는 단지 어떤 고유한 성질이나 능력을 혼란〔자연상태〕 속으로 옮겨놓기만 하면 된다. 이는 현실을 이른바 설명하기 위해 이 현실을 단지 극히 형식적인 관념형태로 힘·질료·능력 같은 규정으로 정립하고 그 하나가 다른 것에 의해 매우 용이하게 파악되고 설명되도록 하는 가설들을 세우는, 경험에서 출발하는 학문들 일반의 방식을 따른 것이다.

한편으로 자연상태의 혼란 및 능력과 성향의 추상 속에서 표현되는 근원적이고 절대적인 통일에 대한 막연한 예감은 절대적인 부정적 통일에는 이르지 못하고 단지 다량의 특수성과 대립들을 소거(消去)

하는 데까지만 나아갈 수 있을 뿐이다. 그러나 그 자체로도 경험적 규정과 다를 바 없고 서로 내적 필연성을 갖지 않는 정할 수 없는 수량의 질적 규정들이 아직 그 안에 남아 있다. 이 규정들은 단지 다수로서의 관련을 가지고 있을 뿐이며 또 이 다수가 서로에 대해(für einander) 있지만 통일을 결여하고 있다. 그러므로 그들은 서로 대립해 있고 서로에 대해 절대적인 상충 속에 규정되어 있는 것으로서만 관련이 있을 뿐이다. 그리고 인륜의 분화(分化)된 에너지들은 서로를 파괴하는 전쟁으로서 자연상태 내지 인간의 추상물 속에서 사유될 수밖에 없다. 그러나 바로 그렇기 때문에 이러한 성질들은 서로 전적으로 대립해 있고 따라서 순수하게 관념적이어서, 이 성질들이 이와 같은 관념성(Idealität)과 격리 속에서는 마땅히 그러해야 할 바와는 달리 존립할 수가 없으며 서로를 지양하면서 무(無)로 환원된다는 점을 보이는 것은 어렵지 않다. 그러나 경험은 이러한 절대적으로 단순한 것 속에서 규정들이 무라는 점에 대한 절대적 반성과 통찰에 도달하지 못하며, 그것에는 다수의 무가 다량의 실재성들로 남아 있게 된다. 그러나 자신을 절대적 총체성으로 표현하는 긍정적 통일이 경험주의에는 이러한 다수성에 이질적이고 낯선 것으로 부가되어야 한다. 그런데 절대적 동일성(absolute Identität)의 두 측면을 연결하는 이와 같은 형식 안에 이미 근원적 통일의 총체성과 마찬가지로 이 〔경험적 지에 반영되는 다수의〕 총체성마저도 혼탁하고 불순하게 서술되리라는 것이 함축되어 있다. 경험에는 근거지음(Begründen)이 무릇 쉬운 일이듯이, 여기서는 분리된 통일들 가운데 하나에 대한 다른 하나의 존재근거 또는 그 하나에서 다른 하나로 가는 이행근거가 경험에 쉽게 제시될 수 있다. 자연상태의 허구에 따르면 자연상태는 그가 초래하는 폐해로 인해 이탈하게 된다. 그런데 이는 도달하려는 곳, 즉 혼란스럽게 상충하는 것의 화합은 좋은 것이고 그렇게 되어야 하는 것이라는 바를 미리 전제하는 것과 다르지 않다. 또는 가능성들로서의 근원적인 성질들에 대한 표상 속으로 사교본능 같은 이행근거가 직접 삽입된다. 또는 능력이라는 개념형식을 포기하고 곧바로 〔제1의 추상적 통일인 자연상태를 넘어선 법적 상태인〕 제2의 통일의 현상이 지닌 극히 특수한 것으로, 즉 강자에 의한 약자의 예속 등과 같은 역사적인 것으로 나아간다. 그러나 경험적 물리학에서처럼 절대적인 질적 다수성의 원리에 따른다면 통일 자체는 다시 근원적인 것으로 정립된 단순한 것과 분화된 다수의 잡다한 착종만을 서술할 수 있을 뿐이다. 즉 그것은 다량의 원자적 성질들 대신에 그 자체로는 그 특수성 속에서 파괴될 수도 없고 단지 가볍게 부분적으로 결합되고 혼합될 수 있는 성질들의 피상적인 접촉만을 서술할 수 있을 뿐이다. 따라서 그것은 분할된 것의 다수성 또는 관계들의 다수성밖에는 서술할 수 없다. 또한 통일이 전체로서 정립되는 한에서는 사회와 국가라는 명칭 아래 무형식적이고 외적인 조화의 공허한 이름밖에는 정립할 수 없다. 이러한 통일이 독자적으로나 또는 그 발생에 따른 훨씬 더 경험적인 관련에서나 절대적이고 그 직접적인 기원을 신에게서 부여받은 것이라고 표상될 때조차, 그리고 또한 그 존립에서도 그 중심점과 내적 본질이 신성하다고 표상될 때조차도, 이러한 표상은 다시 어떤 형식적이며 다수성을 관통하지 못한 채 그 위에서 부유(浮游)할 뿐인 것으로 남는다. 신이 통합(Vereinigung)의 건립자일 뿐만 아니라 그 보존자이며 최고권력의 위엄이 이러한 보존자라는 점과 관련해서 신의 여광(餘光)으로 그리고 내적으로 신성한 것으로 인식된다고는 하지만, 통합이 갖는 신성함은 통합된 다수에게는 외적인 것이다. 경험의 원리는 하나와 다수의 절대적 통일을 배제하기 때문에, 이들 다수는 통합의 신성함에 대해 단지 지배관계 속에 정립될 수밖에 없다. 이러한 관계의 바로 이 지점에서 경험은 그와 대립된 추상적 단일성(abstrakte Einheit)이 우월성을 갖는 원리와 직접 만나게 된다. 다만 경험은 추상적 단일성과 절대적 다수성처럼 그토록 특유하고 상이하게 정립된 사물들의 혼합에서 발생하는 자신의 비일관성에 당황해하지 않는다. 바로 그렇기 때문에 또한 경험은 자신의 단지 질료적인 측면 외부에 있는 광경들, 즉 지배와 복종이 가능하게 되는 대립의 원리에 따라 일어날 수 있는 것보다도 더 순수하고 더 신적인 내면의 현상들에 대한 접근을 봉쇄하지 않는다는 장점을 지니고 있기도 하다.

자연상태, 법적 상태 전체가 지닌 개인들에게는 낯설며 따라서 그 자체가 개별적이고 특수한 위엄과 신성함, 그리고 이러한 최고권력 아래로 주체들이 절대적으로 굴종하는 관계 등은 유기적 인륜성의 분산된 계기들이 특수한 본질들로 고착되고 이를 통해 [인륜성의] 이념과 마찬가지로 전도되는 형식들이다. 여기서 유기적 인륜성의 분산된 계기들이란 [한편으로는] 절대적 통일이 단일성과 다수성의 대립을 내포하고 있고 절대적 총체성인 한에서 절대적 통일이라는 계기와 [다른 한편으로는] 무한성 또는 대립의 실재성들의 무(無)라는 계기를 말한다. 반면에 인륜성의 절대적 이념은 자연상황(Naturstand)과 위엄을 전적으로 동일한 것으로 포함한다.[8] 이는 위엄 자체가 바로 절대적인 인륜적 자연(absolute sittliche Natur)이며, 자연적 자유로 이해되어야 할 절대적 자유의 상실이라든지 위엄의 실재태(實在態, Reellsein)에 의한 인륜적 자연의 포기란 사유될 수 없는 까닭이다. 반면에 인륜적 관계에서 포기되어야 할 것으로 사유될 수밖에 없는 자연적인 것이란 그

---

8) 절대적 인륜성의 이념에 관해서는 특히 G. W. F. Hegel, *System der Sittlichkeit*(이하 'SdS'로 줄여 씀), Gesammelte Werke, Bd. 5: *Schriften und Entwürfe*(1799~1808), Düsseldorf, 1998, 279쪽 참조: "그런데 절대적 인륜성의 이념은 절대적 실재성을 통일로서의 자기 안으로 환수(還收)하는 것, 그리하여 이러한 환수와 통일이 절대적 총체성이라는 점에 있다. 절대적 인륜성의 직관은 절대적 민족이며, 그것의 개념은 개체성들의 절대적 합일이다."

자체가 인륜적인 것이 아닐 터이고, 따라서 그런 것은 그 근원성에서 인륜을 서술하는 데에 가장 불충분한 것일 터이다. 마찬가지로 절대적 이념에서는 무한성 또는 개별자 내지 주체들의 무(無)가 고착되어 있지 않으며 위엄과의 상대적 동일성 속에, 즉 개별성 역시 그 안에 어떤 단적으로 정립되어 있는 것일 굴종의 관계 속에 있지도 않다. 이념에서는 무한성이 참으로 존재하며, 개별성 그 자체는 아무것도 아니고 절대적인 인륜적 위엄과 단적으로 하나이다. 오직 이러한 굴종적이지 않은 참되고 생동하는 합일만이 개별자의 진정한 인륜성이다.[9]

우리가 학적 경험을 그것이 학적인 한에서 실질적인 무가치함 그리고 그 원칙과 법칙 등의 비진리에 대해 고발한 이유는 그것이 규정들을 그 안으로 전이시키는 형식적 통일을 통해 이 규정들에 개념의 부정적 절대성을 부여하고는 이들을 긍정적으로 절대적이고 즉자적으로 존재하는 것이라고, 즉 어떤 절대적인 것을 의미하는 형식들인 목적·규정·원칙·법칙·의무·권리라고 진술하기 때문이다. 그러나 이런 질적 규정에 그처럼 많은 개념들을 제공하는 유기적 관계의 통일을 획득하기 위해서는 다양성 가운데 목적·규정 또는 법칙으로 표현된 하나의 규정에 다른 규정들을 지배하는 권리가 부여되어야 하며, 이 나머지 규정들은 그 하나의 규정에 대해 비실제적이고 무가치한 것으로 정립되어야 한다. 이러한 활용과 귀결에 바로 내적 총체성으로서의 직관이 파괴된다는 점이 놓여 있다. 따라서 비일관성만이 개념 속으로 규정들이 수용되는 것을 교정하고 직관에 가해진 폭력을 지양할

---

9) Hegel, *SdS*, 324쪽 참조: "이에 따라 인륜성은 삶으로서 생동하는 개인이 절대적 개념과 동일하다는 것으로 규정된다. 즉 인륜성은 개인의 경험적 의식이 절대적 의식과 하나이며 절대적 의식은 그 자체가 경험적 의식, 즉 자기 자신으로부터 구별될 수 있는 직관이라는 것으로, 그러면서도 이러한 구별이 순전히 표면적이고 관념적인 것이어서 현실의 그리고 구별 속의 주체태는 아무것도 아니라는 것으로 규정된다."

수 있다. 비일관성은 앞서 하나의 규정에 부여되었던 절대성을 직접적으로 파괴하기 때문이다. 이러한 측면에서는 오로지 비일관적이기만 했던 고대의 경험이 절대적 학문 그 자체와의 관계에서는 아니라 하더라도 지금까지 논의했던 [근대의] 경험적 학문성이 지닌 일관성과의 관계에서는 정당화되어야 한다. 장대하고 순수한 직관은 이런 식으로 필연성의 연관과 형식의 지배가 가시적으로 드러나지 않는 서술의 건축술(das Architektonische)에서도 참된 인륜을 표현할 수 있다. 이는 마치 원작자의 정신이 지닌 상(像) 자체를 하나로 모아 형태로 제시하지는 않지만 흩어져 있는 덩어리 속에서 그 정신을 말없이 서술하는 건물과도 같다. 단, 이렇게 개념의 도움을 빌린 서술에는 이 서술이 포괄하고 관통하는 것을 이념적 형식으로 고양시켜 이를 이념으로 자각하지 못한다는 이성의 미숙함이 존재한다. 직관이 자기 자신에 충실하고 오성에 현혹되지 않는다면, 직관은 자신을 표현하는 데에 개념들을 꼭 필요로 하는 한에서 개념에 대하여 미숙한 태도를 취하고 의식(Bewußtsein)을 통과할 때에 전도된 형태를 띨 것이다. 그래서 직관은 개념과 관련해서는 연관성이 없을 뿐만 아니라 모순적일 것이다. 그러나 부분들 및 스스로를 변형시키는 규정들의 배치(配置)는 비록 보이지는 않지만 내면에 있는 이성적 정신을 누설하고, 이러한 정신의 현상을 산출물과 결과로 간주하는 한에서 그것은 산출물로서의 이념과 완전히 일치하게 될 것이다. 여기서 오성에는 경험을 공박하여 그 부적당한 근거들에 대해 다른 근거들을 대립시키고 개념의 혼동과 모순을 제시하고 개별화된 문장들에서 가장 우둔하고 비이성적인 것을 표현하는 귀결들을 이끌어내면서 다양한 방식으로 경험의 비학문적인 점을 내보이는 것보다 더 수월한 일은 없다. 특히 경험이 스스로 학문적이라고 참칭하거나 아니면 학문 자체에 대해 논쟁적으로 대항할 경우, 오성에 의한 공박을 통해 경험은 마땅한 대우를 받는 것이다. 반면에 규정들이 고착화되고 그 법칙이 경험에서 얻은 측면을 통해 일관성 있게 수행되면서 직관이 이 규정들에 종속되어 무릇 이론이라고 불리곤 하는 것이 형성된다면, 경험은 이들의 일면성을 고발할 정당한 권리가 있다. 그리고 경험은 그것이 통용시키는 규정들의 완결성으로 인해 이러한 이론을 극히 공허한 보편성이 되도록 적법한 절차에 따라 강요할 수 있는 권한이 있다. 이와 같은 개념들의 제한성, 규정들의 고착화, 채용된 현상의 한 측면을 보편성으로 격상시키고 그것에 다른 규정들에 대한 지배를 부여하는 것 등이 바로 근래에 더 이상 〔단순히〕 이론이 아니라 〔심지어〕 철학이라고 자칭하는 것이며, 자유나 순수의지(reiner Wille)나 인류 등과 같은 더욱 공허한 추상들로 비약하고 더욱 순수한 부정들을 장악함에 따라 형이상학이라고 자칭하는 것이다. 또한 그것이 자유라든지 평등이라든지 순수국가 등과 같은 본질 없는 추상들과 긍정적으로 표현된 부정들을 가지고 또는 이에 못지않게 본질을 결여한 강제(Zwang), 특히 —— 실천이성(praktische Vernunft)과 감성적 충동 간의 대립이나 그외에 심리학에 속하는 것에 관한 모든 부언설명과 더불어 —— 심리적 강제 같은 통속적인 경험에서 채용한 규정들을 가지고 자연법은 물론 특히 국법(Staatsrecht)과 형사법(peinliches Recht)에서 학문들을 좌지우지하는 것이며, 또 이같이 무가치한 개념들을 어느 정도 일관성을 가지고 절대적 이성목적이니 이성원칙이니 법칙들이라고 학문 전체에 강요하면서 마치 철학적 혁명을 산출해낸 양 믿는 것이다. 경험은 그런 식으로 철학하는 행위가 경험을 지향해야 한다고 정당하게 요구하고, 그런 원칙들의 구조물과 인공물들에 대항하여 자신의 견실함을 정당하게 주장한다. 그리고 경험은 학문적 관점에서건 실천적 삶에서건 그런 식으로 철학하는 행위가 지닌 일관성에 대해서는 비록 막연하게나마 전체에 대한 직관에 기반을 둔 자신의 경험적 비일관성을 선호한다. 또한 하나의 동일한 직관이 지닌 여러 측면들을 절대적으로 분별하여 그 성질들 가운데 한 가지 개별적인 성질을 통해 직관 전체를 규정하는 것에 대해서는 경험은 예컨대 인륜성과 도덕성(Moralität)과 합법성(Legalität)에 대한 혼동을 선호하고, 또 처벌이라는 더 개별적인 경우에는 복수, 국가의 안위, 개선, 위협의 실행, 위하(威嚇), 예방 등의 혼동을 선호한다. 더 나아가 경험은 이러한 이론과 스스로 철학 및 형이상학이라고 자칭하는 것이 [현실에] 적용될 수 없으며 필수적인 실천에 모순된다고 정당하게 주장한다. 이와 같은 이론이나 철학의 무용성은 거기에 그 어떤 절대적인 것도 없고 실재성과 진리도 없다는 것으로 더 잘 표현될 것이다. 바로 이런 식으로 철학하는 행위에 개념의 내용을 제공하면서도 이 내용이 그에 의해 훼손되고 전도되는 것을 보면서, 경험은 결국 이런 식으로 철학하는 행위는 자신에게 배은망덕하다고 정당하게 비난한다. 경험은 다른 규정들과 착종되고 결합되면서 내용의 규정을 제공하는데, 그 본성상 하나의 전체이며 유기적이고 생동하는 이 규정이 그렇게 파편화됨으로써 그리고 본질 없는 추상들과 개별성들을 절대성으로 격상시킴으로써 소멸되기 때문이다.

경험 자체가 순수하고 또 그렇게 유지된다면, 경험은 그와 같은 이론과 철학에 대해 극히 정당하게 자신을 주장할 것이다. 경험은 그 많은 원칙과 목적·법칙·의무·권리 들을 어떤 절대적인 것으로 간주하지 않고 그 자신의 직관을 자신에게 더 명료해지도록 만드는 교육을 위해 중요성을 지닌 구별들로 간주할 것이다. 그러나 경험이 이론과 다투는 것처럼 보일 경우, 통상 그 하나도 다른 하나와 마찬가지로 반성에 의해 이미 먼저 혼탁해진 지양된 직관이고 전도된 이성이라는 점이 밝혀진다. 또한 경험이라고 자칭하는 것은 한낱 추상 속에서는 더 취약한 것이며, 더 미약한 자기활동성 때문에 자신의 제한성들을 스스로 끄집어내어 구별하고 고정시키는 것이 아니라 일반적인 교

양 속에 굳어져서 상식으로 현존하기 때문에 경험에서 직접 받아들인 듯이 보이는 것에 사로잡혀 있는 것이라는 점도 밝혀진다. 이와 같은 직관의 이미 굳어버린 전도와 이제 비로소 고정되는 추상들 사이에서 그 분쟁의 모습은 필연적으로 이들 자신만큼이나 난잡하다. 그 각각은 다른 것에 대항하여 때로는 추상을 또 때로는 소위 경험을 사용하지만, 양측 모두에 경험에서 와해되는 경험과 제한성에서 와해되는 제한성이 있다. 그들은 때로는 철학에 대항하여 원칙과 법칙으로 허세를 부리면서 오성이 그 안으로 응고된 그러한 절대적 진리들에 관해 철학을 자격이 없는 심판관이라고 배제하고 또 때로는 철학을 궤변(Räsonnement)을 위해 오용하면서 자신의 증인으로 끌어들인다.

경험 속에서 직관이 지배적인 것일 때 경험적인 것과 반성된 것의 혼합에 대하여 경험에 허용되는 이러한 상대적인 권리는 앞서 지적한 것과 같이 경험의 무의식적 내면과 관련되어 있다. 반면에 이 내면과 경험의 외면, 양자 사이의 중심(Mitte)인 의식이라는 측면에 준거하면 거기에 경험의 결함과 일면성이 놓여 있다. 그리고 비록 이런 방식으로는 경험이 개념에 의해 단지 혼탁해질 뿐이지만, 경험이 학적인 것을 향해 밀고 나아가며 개념과 불완전하게 결부되고 단순히 접촉하는 것은 다수성과 유한성이 무한성 내지 보편성 속으로 절대적으로 함몰된다는 필연성에 기인한다.

〔II〕

경험적인 것에 대립하는 선천성의 원리를 이루는 것은 바로 무한성의 측면인데, 이제 이에 대한 고찰로 넘어가겠다.[10]

경험적 억견(臆見) 그리고 잡다한 것과 단순한 것의 혼합이 개념을 향해 나아가면서 겪는 동요(動搖)는 이제 절대적 개념(absoluter Begriff) 내지 무한성 속에서 안정을 찾게 되고, 불완전하던 분리는 판가름나게 된다. 행복론(Glückseligkeitslehre) 일반에서 그리고 특히 반(反)사회주의적(antisozialistisch)이라고 불리면서 개별자의 존재를 첫째이자 최고의 것으로 설정하는 체계들의 자연법에서 무한성은 비록 더 낮은 추상 속에서나마 주체의 절대성으로 부각된다. 그러나 그것이 칸트(Immanuel Kant)와 피히테(Johann Gottlieb Fichte)의 관념론에서 무한성이 획득하는 그러한 순수한 추상으로 끄집어 올려지지는 않는다.

여기서 무한성과 그의 다양한 변형들이 지닌 본성을 서술하려는 것은 아니다. 무한성이 운동과 변화의 원리이듯이 그것의 본질은 바로

---

10) 이하에서 헤겔은 특히 칸트(I. Kant)와 피히테(J. G. Fichte)로 대표되는 18세기 후반의 관념론적·선험주의적 윤리학 및 자연법론을 비판적으로 분석한다.

자기 자신의 무매개적 반대(Gegenteil)라는 것일 따름이기 때문이다. 또는 무한성은 부정적으로 절대적인 것, 그것이 순수한 동일성이기에 직접적으로 순수한 비동일성 내지 절대적 대립, 그것이 순수한 이념성 이기에 그에 못지않게 직접적으로 순수한 실재성, 그것이 무한한 것이 기에 절대적으로 유한한 것, 그것이 무규정적인 것이기에 절대적 규정 성인 그러한 형식의 추상이다. 무한성의 본질인 대립자를 향한 절대 적 이행과 자신의 반대 속에서 각각의 실재성의 소멸은 경험적인 방식 으로는 무한성의 한쪽 측면인 실재성 내지 대립자들의 존립이 고정되 고 또 그 반대되는 측면인 이러한 존립의 무(無)가 사상(捨象)됨으로 써만 중지될 수 있다. 이 실제적 대립자는 한편으로는 잡다한 존재 내 지 유한성이고, 그와 마주하여 다수성에 대한 부정으로서의 무한성 그 리고 긍정적으로는 순수한 통일로서의 무한성이 있다. 그리고 이런 방 식으로 구성된 절대적 개념은 이와 같은 통일 속에서 순수이성이라고 부르던 것을 제공해준다. 그러나 이 순수한 통일과 그에 대치(對峙)한 잡다한 존재자 간의 관계는 그 자체가 다시 마찬가지로 이중적인 관련 이다. 즉 양자의 존립이라는 긍정적 관련이거나 아니면 양자의 파괴태 (破壞態, Vernichtetsein)라는〔부정적〕관련이다. 하지만 앞서의 존립이 나 뒤의 파괴태나 모두 단지 부분적인 것으로 이해되어야 한다. 만일 양자의 존립이 절대적이라면 둘 사이의 어떠한 관련도 존재하지 않을 것이고, 또 만일 양자의 완전한 파괴태가 정립되어 있다면 양자의 존 립이란 없을 것이기 때문이다. 이러한 양자의 부분적인 존립과 부분적 인 부정태(否定態, Negiertsein)는 ──즉 분할 가능한 비아(非我, Nicht-Ich)에 대해 분할 가능한 자아(Ich)를 자아 안에서, 바로 그렇기 때문 에 마찬가지로 부분적인 관련 안에서 대립시키는 것은 ── 이러한 철 학의 절대적인 원리이다.[11] 앞의 긍정적 관련 속에서는 순수한 통일 을 이론이성(theoretische Vernunft)이라 부르고 부정적 관련 속에서는 실천이성이라 부른다. 그리고 부정적 관련에서는 대립의 부정이 우선이며 따라서 통일이 더 존속하는 것인 반면, 긍정적 관련에서는 대립의 존립이 우선이며 따라서 다수성이 먼저이고 더 존속하는 것이다. 그래서 여기서 실천이성은 실제적인 이성으로 나타나는 반면, 이론이성은 이념적인 이성으로 나타난다. —그러나 이러한 규정은 전적으로 대립과 현상에 속한다는 것을 알 수 있다. 왜냐하면 그 대립자, 즉 여기서는 비이성적인 것인 다수가 단적으로 존립할 경우 이성으로서 정립된 순수한 통일은 물론 부정적이고 이념적이며, 또한 다수가 부정된 것 혹은 그보다는 부정되어야 할 것으로 정립되어 있을 경우 순수한 통일은 더욱더 존속하고 더 실제적인 것으로 나타나기 때문이다. 그러나 순수한 통일로서의 이성에 대항하여 정립된 자연이 그러하듯이, 이런 비이성적 다수가 비이성적인 까닭은 단지 그것이 다수의 본질 없는 추상으로 정립되어 있는 반면에 이성은 하나(das Eine)의 본질 없는 추상으로 정립되어 있기 때문이다. 하지만 그 자체로 보면 앞의 다수도 뒤의 단일성도 모두 하나와 다수의 통일이다. 그리고 하나와 다수의 절대적 통일로서의 다수인 자연 또는 이론이성이 오히려 역으로 실제적 이성으로 규정되어야 하고, 하나와 다수의 절대적 통일로서의 단일성인 인륜적 이성은 이념적 이성으로 규정되어야 한다. 대립속에서는 실재성이 다수성 속에 있는 반면 이념성은 단일성 속에 있기 때문이다.

그러므로 실천이성이라고 부르는 것에서는 오로지 이념적인 것과 실제적인 것의 동일성에 관한 **형식적인** 이념만이 인식될 수 있을 뿐이다. 그런데 이 이념이 이러한 체계들에서는 절대적 무차별점(absoluter

---

11) J. G. Fichte, *Grundlage der gesammten Wissenschaftslehre*, in Werke, Bd. I: *Zur theoretischen Philosophie I*, 110쪽 참조: "자아는 자아 속에서 분할 가능한 자아에 분할 가능한 비아를 반정립한다."

Indifferenzpunkt)이 되어야 한다. 그러나 이 이념은 차별(Differenz)을 벗어나지 못하며 이념적인 것은 실재성이 되지 못한다. 이러한 실천이성에서는 이념적인 것과 실제적인 것이 동일한데도 실제적인 것이 〔이념적인 것에〕 전적으로 대립하여 있기 때문이다. 이 실제적인 것은 이성 외부에 본질적으로 정립되어 있으며 실천이성은 단지 이에 대한 차별 속에 있을 뿐이다. 실천이성의 본질은 다수에 대한 인과관계(Kausalitätsverhältnis)로, 즉 차별에 의해 절대적으로 촉발되고 현상에서 벗어나지 못하는 동일성으로 파악된다. 따라서 이념적인 것과 실제적인 것의 절대적 동일성에 대해 언급하는 이러한 인륜에 관한 학문은 자신의 말에 따라 행동하지 않으며, 그의 인륜적 이성이란 그 본질에서는 실은 이념적인 것과 실제적인 것의 비동일성이다. ─ 앞에서 인륜적 이성은 통일의 형식 속에서 절대적인 것으로 규정되었다. 그런데 이렇게 인륜적 이성 자체가 하나의 규정성으로 정립됨으로써 그것은 직접적으로 이러한 규정 속에서 그에 못지않게 본질적으로 대립과 함께 정립되어 있는 것처럼 보인다. 그러나 그 차이점은 인륜적 이성의 참된 실재성과 절대적인 것은 자연에 대한 그와 같은 대립으로부터 전적으로 자유롭다는 점과 인륜적 이성이 이념적인 것과 실제적인 것의 절대적 동일성이라는 점이다. 절대적인 것은 그 이념상 그 하나의 규정은 단일성이고 다른 하나의 규정은 다수성인 차별자들의 동일성으로 인식된다. 그리고 이러한 규정들은 이념적이다. 즉 이 규정들은 위에서 제시한 그 개념상 오직 무한성 속에 있을 뿐이다. 이러한 규정성은 그것이 정립되어 있는 만큼이나 지양되어 있다. 양자의 동일성이 바로 절대적인 것인 단일성과 다수성 각각은 그 자체가 하나와 다수의 통일이다. 그러나 그 이념적 규정이 다수성인 그 하나는 대립자들의 존립 내지 긍정적 실재성이고, 따라서 대립적인 이중관계가 그 자신에게 필연적이다. 실제적인 것은 이러한 규정성 속에 존립하므로 이 규정성의 동일성은 상대적인 동일성이며, 이러한 대립자들의 상대적 동일성이 바로 필연성이다. 따라서 이 규정성이 차별 속에 있듯이, 그것의 관계 자체 혹은 관계의 동일성 역시 차별적인 관계이어야 한다. 즉 이 관계에서 단일성이 우선이라는 것과 또한 다수성이 우선이라는 것인 차별적인 관계이어야 한다. 이 이중의 관계가 필연성 또는 절대적인 것의 현상이 지닌 이중적 측면을 규정한다. 이러한 이중적 관계는 다수성에 속하므로, 우리가 그러한 실재성이나 다수가 지양되어 있는 다른 한편의 차별자들의 단일성을 무차별이라고 부른다면, 절대적인 것은 무차별과 관계의 통일이다. 그리고 이 관계가 이중관계이므로 절대적인 것의 현상은 〔한편으로는〕 다수가 우선이자 긍정적인 것인 그러한 관계 내지 상대적 동일성과 무차별의 통일로 그리고 〔다른 한편으로는〕 단일성이 우선이자 긍정적인 것인 그러한 관계와 무차별의 통일로 규정된다. 앞서의 통일은 물리적 자연이고, 뒤의 통일은 인륜적 자연이다. 또한 무차별 또는 단일성은 자유인 반면 관계 또는 상대적 동일성은 필연성이므로 이 두 현상들 각각은 자유와 필연성의 합일과 무차별이다. 실체(Substanz)는 절대적이고 무한하다. 무한성이라는 술어 속에 신적 자연의 필연성 내지 그 현상이 내포되어 있으며, 이러한 필연성이 바로 이중관계 속에서 스스로를 실재성으로 표현한다. 이 두 속성(Attribut) 각각은 그 자체가 실체를 표현하며 절대적이고 무한하다. 또는 그 자체가 무차별과 관계의 통일이다. 그리고 관계에서 그 둘 간의 구별은 그 한 관계 속에서는 다수가, 그리고 다른 한 관계 속에서는 하나가 우선인 것 또는 다른 것에서 돌아온 것(das gegen die andern heraus gekehrte)으로 정립되어 있다. 그러나 인륜적 자연 자체에서는 그 관계 속에서 단일성이 우선이므로 인륜적 자연은 이러한 상대적 동일성 속에서도, 즉 그 필연성 속에서도 자유롭다. 또는 단일성이 우선이라고 해서 상대적 동일성이 지양되지는 않으므로 〔실체로서의 절대적 통일이 지닌 근원적 자유와는 구분될 수 있는 속성으로서의 인륜적 자연이 지닌〕이러한 제2의 자유는 필연적인 것이 인륜적 자연을 위해 존재하되 부정적으로 정립되어 있다는 것으로 규정된다. 만일 인륜적 자연의 상대적 동일성이 지닌 이와 같은 측면을 고립시켜서 무차별과 이 상대적 동일성의 절대적 통일이 아니라 관계 또는 필연성의 측면을 인륜적 자연의 본질로 인정한다면, 우리는 실천이성의 본질이 절대적 인과성을 지닌 것으로 규정되는 바로 그 지점에 서 있게 되는 것이다. 또는 비록 실천이성은 자유롭고 필연성은 단지 부정적으로 정립되어 있지만 바로 그렇기 때문에 필연성이 정립되어 있어서 이를 통해 바로 자유가 차별을 벗어나지 못하고 관계 내지 상대적 동일성이 본질로 되며 절대적인 것은 단지 부정적으로 절대적인 것 내지 무한성으로 파악되는 바로 그 지점에 서 있게 되는 것이다.

인륜적 자연을 단지 그 상대적 동일성의 측면에서 포착하는 이러한 표상은 다음과 같은 경험적이고 대중적인 표현을 통해 그토록 총애받게 된다. 즉 감성(Sinnlichkeit)이나 성향 또는 욕구능력 등의 명칭 아래에서의 실제적인 것(관계의 다수성의 계기)이 이성(관계의 순수한 단일성의 계기)과 일치하지 않고(단일성과 다수성의 대립의 계기), 이성이란 자신의 고유한 절대적 자기활동성과 자율성으로부터 의지(意志)하며 감성을 제한하고 지배하는 데(이 관계 속에서 단일성 또는 다수성의 부정이 우선이라는 관계의 규정성의 계기) 있다는 것이다. 이런 표상의 실재성은 실천이성의 분열도 또 순수한 통일이나 자아의 추상도 모두 자신 속에서 발견된다는 각자의 경험적 의식(empirisches Bewußtsein)과 일반적인 경험을 근거로 한다. 이러한 관점을 부인하려는 것은 아니다. 이 관점은 앞에서 상대적 동일성이라는 측면, 즉 유한 속에서의 무한의 존재라는 측면으로 규정되었다. 그러나 이 관점은 절대적 관점이 아니라는 점이 주장되어야겠다. 이미 제시된 것과 같이 절대적 관점에서는 관계가 단지 한쪽 측면으로, 따라서 관계를 고립시키는 것은 일면적인 것으로 증명된다. 또한 인륜성이란 어떤 절대적인 것이므로 이런 관점은 인륜성의 관점이 아니며 이 관점에는 인륜성이 없다는 점이 주장되어야겠다. 그리고 통속적인 의식을 증인으로 이끌어들이는 것에 관해서는, 통속적인 의식 속에는 비인륜성(Unsitt-lichkeit)의 원리인 이런 관점 못지않게 인륜성 자체가 필연적으로 등장할 수밖에 없다. 이 관점이 비인륜성의 원리인 이유는 관계가 홀로 고립되어 계기로서가 아니라 즉자적으로 존재하는 것으로 정립되어 있기 때문이다. 경험적 인식이 경험적인 까닭은 절대적인 것의 계기들이 경험적 의식 속에서는 흩어지고 병존(竝存)하고 연속하고 분산되어 나타나기 때문이다. 그러나 만일 통속적인 의식 속에도 그에 못지않게 인륜성이 등장하지 않는다면 그것은 통속적인 의식조차 되지 못할 것이다. 형식적 철학은 경험적 의식에 등장하는 인륜과 비인륜의 잡다한 현상들 가운데 [한쪽을] 선택할 수 있다. 그런데 형식적 철학이 비인륜의 현상을 선택하고 부정적 절대성 내지 무한성에서 참으로 절대적인 것을 보유하고 있다고 억측한 것은 이 [형식주의적] 철학의 잘못이지 통속적인 의식의 잘못은 아니다.

이같은 실천철학의 전개는 이러한 부정적 절대성이 할 수 있는 일이 무엇인지를 서술하는 것을 기반으로 한다. 우리는 부정적으로 절대적인 것에서 참으로 절대적인 것을 제시하려는 이 그릇된 시도를 그 주요 계기들에 따라서 추적해야겠다.

실천이성의 본질을 이루는 것은 순수한 통일이므로 인륜성의 체계(System der Sittlichkeit)에 관해서는 논할 수 없으며, 순수한 개념 또는—이 개념이 다수를 부정하는 것으로, 즉 실천적인 것으로 정립되는 한에서 그것은 의무이므로—의무의 개념과 법칙의 추상을 넘어서는 것은 더 이상 이 순수이성에 속하지 않기 때문에 여기에서는 법칙이 여러 가지가 되는 것조차 불가능하다는 점이 곧 밝혀진다. 칸트는 이러한 개념의 추상을 그 절대적 순수성 속에서 서술했는데, 그는 실천이성에는 법칙의 모든 재료가 누락된다는 점과 실천이성은 최고 법칙에 대해서 자의(恣意)의 준칙(準則, Maxime)이 지닐 수 있는 적합성(Tauglichkeit)이라는 형식 이상을 만들어내지 못한다는 점을 잘 인식하고 있다. 자의의 준칙은 내용을 가지고 있고 규정을 내포하고 있다. 반면에 순수의지는 규정들로부터 자유롭다. 실천이성의 절대적 법칙이란 이 규정을 순수한 통일의 형식으로 격상시키는 것이며, 이렇게 형식 속으로 수용된 규정의 표현이 곧 법칙이다. 규정이 순수한 개념의 형식 속으로 수용되는 것이 가능하고 또 이러한 형식을 통해 이 규정이 지양되지 않는다면, 그 규정은 정당화되고 부정적 절대성을 통해 그 자체가 절대적인 것으로, 즉 법칙·권리 또는 의무로 된다. 그러나 준칙의 질료는 그것인 바대로, 즉 하나의 규정성 내지 개별성으로 남는다. 따라서 이 질료가 형식 속으로 수용되도록 만드는 보편성은 순전히 분석적인 통일이다. 또 질료에 부여된 통일이 순수하게 그대로 문장으로 진술되면 이 문장은 분석적인 문장이자 동어반복이 된다. 그리고 순수한 실천이성의 입법(立法, Gesetzgebung)의 자율성이 지닌 고귀한 능력이란 실은 동어반복의 생산에 있는 것이다. 이론적인 면에서는 모순율로 표현되는 오성의 순수한 동일성이 실천적 형식으로 전환되어 똑같은 것으로 남는다. 칸트에게는 '진리란 무엇인가?'라는 질문을 논리학에 던지고 논리학에서 그 답변을 얻으려는 것이 한 사람은 숫염소의 젖을 짜고 다른 한 사람은 체를 밑에 받치고 있는 우스꽝스러운 광경처럼 보였다.[12] 그러나 '무엇이 권리이고 무엇이 의무인

---

12) I. Kant, *Kritik der reinen Vernunft*, B 82 이하: "사람들이 그것으로 논리학자들을 궁지로 몰아넣었다고 억측했고 논리학자들이 빈궁한 궤변에 의지할 수밖에 없게 되거나 그들의 무지와 그들이 가진 기술 전반의 공허함을 고백하

가?'라는 질문을 저 순수한 실천이성에 던지고 그것에서 답변을 얻으려는 것도 그와 마찬가지 경우이다. 진리의 보편적 기준은 그 대상의 구별 없이 모든 인식에 유효하다는 점과 논리학에서는 인식의 모든 내용이 사상(捨象)되지만 진리는 바로 이 내용을 문제삼기 때문에 진리의 지표가 인식 내용을 문제삼지 않아야 하면서도 동시에 인식 내용에 대한 진리의 지표를 묻는다는 것은 전혀 불가능하고 불합리하다는 것이 명백하다는 점을 칸트는 인식했다. 바로 이와 더불어 칸트는 실은 실천이성에 의해 제시된 권리와 의무의 원리에 대해서도 판결을 내린 것이다. 실천이성은 의지가 지닌 모든 질료의 절대적 추상인 반면에, 내용은 자의의 타율성을 정립하기 때문이다. 그런데 도대체 무엇이 권리이고 무엇이 의무인지를 알려는 것이 바로 관심사이다. 즉 도덕법칙(Sittengesetz)의 내용에 관하여 질문을 제기하는 것이며, 오직 이 내용만이 문제가 되는 것이다. 그러나 순수의지와 순수 실천이성의 본질은 모든 내용을 사상한다는 점에 있다. 따라서 내용을 가질 수밖에 없는 도덕입법(Sittengesetzgebung)을 그 본질상 아무 내용도 갖고 있지 않은 이 절대적 실천이성에서 구하는 것은 그 자체가 모순이다.

그러므로 이러한 형식주의가 법칙을 진술할 수 있기 위해서는 그 법칙의 내용을 이루는 어떤 하나의 질료 내지 어느 한 규정이 반드시 정

도록 만들려고 했던 오래되고 유명한 질문은 '진리란 무엇인가?'이다. 진리는 인식과 그 대상의 일치라고 하는 명목적인 설명은 여기서는 그냥 용인되고 전제된다. 그러나 사람들은 모든 인식의 진리를 위한 보편적이고 확실한 기준이 무엇인지 알기를 요구한다. 이성적으로 무엇을 질문해야 하는지를 안다는 것은 이미 현명함이나 통찰에 대한 훌륭하고도 필요한 증거이다. 왜냐하면 질문 자체가 불합리하여 불필요한 답변을 요구할 경우, 그같은 질문은 질문을 제기하는 사람의 수치스러움은 물론 때때로 신중하지 못한 청자를 불합리한 답변으로 오도하여 (옛사람이 말했듯이) 한 사람은 숫염소의 젖을 짜고 다른 사람은 체를 밑에 받치고 있는 우스꽝스러운 광경을 보이는 폐단을 가져오기 때문이다."

립되어야 한다. 그리고 이 규정에 부가되는 형식은 통일 내지 보편성이다. 당신의 의지의 준칙 동시에 보편적 입법 원리로서 유효해야 한다고 하는 순수 실천이성의 기본법칙은 특수의지가 지닌 준칙의 내용을 이루는 어느 한 규정이 개념으로서, 즉 보편적인 것으로서 정립된다는 점을 표현한다. 그러나 실은 어떠한 규정도 개념형식 속으로 수용되고 성질로 정립될 수 있어서, 이런 식으로 인류법칙이 되지 못하는 것이란 전혀 없다. 그러나 각각의 규정은 그 자체로는 특수한 것이지 보편적인 것이 아니다. 어느 한 규정에는 그에 대립한 규정이 대치해 있으며, 그렇게 대립된 규정이 대치해 있는 한에서만 그것은 규정이다. 이 각각의 두 규정은 같은 정도로 사유될 수 있다. 둘 가운데 어느 것이 통일 속으로 수용되거나 사유되어야 하며 어느 것이 사상되어야 하는지는 전혀 규정되어 있지 않고 자유롭게 열려 있다. 물론 그 하나가 즉자대자적으로 존립하는 것으로 고정되고 나면 다른 하나는 정립될 수가 없다. 그러나 이 다른 하나 역시 그에 못지않게 사유될 수 있고 또 이러한 사유 형식이 본질이므로 절대적인 도덕법칙이라고 진술될 수 있다. 가장 통속적인 오성조차 아무런 가르침을 받지 않고도 이런 간단한 조작을 할 수 있으며 준칙에서 어떤 형식이 보편적 입법에 적절하고 어떤 형식이 적절하지 못한지를 구별할 수 있다는 것을 칸트는 다음과 같은 예에서 보여준다. 모든 확실한 수단을 이용하여 나의 재산을 증식시킨다는 준칙, 즉 기탁물이 이를 위한 수단이 될 경우 아무도 맡겼다는 것을 입증할 수 없는 기탁물은 누구나 부인해도 된다는 내용을 지닐 준칙이 보편적인 실천법칙으로서 유효할 수 있는가라는 물음이 그것이다. 이러한 원리는 기탁물이라는 것이 전혀 존재하지 않도록 만들 것이기 때문에 법칙으로서 스스로를 파괴할 것이므로 이 물음은 저절로 판가름난다는 것이다.[13] ──그러나 기탁물이 전혀 존재하지 않는다고 하면 여기에 무슨 모순이 있겠는가? 물론 기탁물이 존재하지 않는다고 하는 것은 여타의 필연적인 규정들에 모순될 것이다. 또한 기탁물이 가능하다는 것은 여타의 필연적인 규정들과 연관되어 있어서, 이를 통해 그 자체가 필연적인 것으로 될 것이다. 그러나 여타의 목적이나 질료적 근거들을 이끌어들여서는 안 되고, 개념의 직접적인 형식이 [기탁물이 존재한다는] 첫번째 전제나 [기탁물이 존재하지 않는다는] 두번째 전제의 옳음을 결정해야 한다. 하지만 형식에는 대립된 규정들 중 어느 하나도 다른 하나만큼이나 동등하게 유효하다. 그 각각은 성질로 파악될 수 있으며, 이러한 파악이 법칙으로 진술될 수 있다. 무릇 소유(Eigentum)[사유재산]라는 규정이 정립되어 있다면, 이것에서 '소유는 소유이지 다른 것이 아니다'라는 동어반복의 문장을 만들어낼 수 있으며, 이러한 동어반복의 생산이 '소유가 소유일 경우에는 소유이어야만 한다'라는 이 실천이성의 입법이다. 그러나 만일 대립된 규정, 즉 소유의 부정이 정립되어 있다면, 바로 그 실천이성의 입법을 통해 '소유가 아닌 것은 소유가 아니다. 소유가 없다면 소유이고자 하는 것이 지양되어야 한다'라는 동어반복이 도출된다. 그런데 관심사는 바로 소유가 존재해야 한다는 것을 입증하는 일이다.

---

13) I. Kant, *Kritik der praktischen Vernunft*, A 49: "준칙에서 어떤 형식이 보편적인 입법에 적합하고 어떤 형식이 부적합한가 하는 것은 가장 통속적인 오성조차 아무런 가르침 없이도 구별할 수 있다. 예컨대 내가 모든 확실한 수단을 이용하여 나의 재산을 늘리는 것을 나의 준칙으로 삼았다고 하자. 지금 내 수중에 기탁물이 있는데, 그 소유자는 사망했고 기탁물에 대한 아무런 증서도 남아 있지 않다. 이는 당연히 나의 준칙에 해당하는 경우이다. 이제 나는 단지 이 준칙이 또한 보편적인 실천법칙으로서 타당할 수 있는지를 알고자 한다. 그래서 나는 이 준칙을 지금의 경우에 적용하여 그것이 과연 법칙의 형식을 취할 수 있는지를, 따라서 내가 과연 나의 준칙을 통해 동시에 '아무도 맡겼다는 것을 입증할 수 없는 기탁물은 누구나 부인해도 된다'라는 법칙을 수립할 수 있는지를 묻는다. 나는 그러한 원리가 기탁물이라는 것을 전혀 존재하지 않도록 만들 것이기 때문에 법칙으로서 스스로를 파괴할 것이라는 점을 곧바로 깨닫게 된다."

오로지 이 순수이성의 실천적 입법 외부에 놓여 있는 것, 즉 대립된 규정들 중 무엇이 정립되어야 하는지를 결정하는 것이 문제이다. 그런데 순수이성은 이러한 결정이 이미 앞서 이루어졌고 대립된 규정들 중 하나가 먼저 정립되어 있다는 것을 요청한다. 그렇게 하고 나서야 비로소 순수이성은 이제 자신의 쓸모없는 입법을 수행할 수 있게 된다.[14]

그러나 실천이성의 분석적 통일과 동어반복은 단지 쓸모없는 것일 뿐만 아니라 그것이 취한 활용에서 그릇된 것이며 비인륜성의 원리라고 인식되어야 한다. 어느 한 규정을 통일의 형식으로 단지 수용함으로써 그 규정의 존재가 지닌 본성이 변화되어야 할 것이다. 그 규정은 그 본성상 다른 규정을 자신에 대항하여 가지고 있고, 그 하나는 다른 하나의 부정이며, 바로 그렇기 때문에 그 어느 것도 절대적인 것이 아니다. (그리고 실천이성은 한낱 공허한 형식을 부여하기 때문에 실천이성이 작동하기 위해서는 두 규정 가운데 어느 것이건 상관없다.) 그런데 그러한 규정이 순수한 통일의 형식과 이렇게 결합됨으로써 그 자체가 절대적인 규정, 즉 법칙과 의무가 되어야 할 것이다. 그러나 규정성과 개별성이 즉자(卽自, Ansich)로 격상되는 곳에는 불합리성이 정립되고 인륜과 관련해서는 비인륜성이 정립된다. ── 제약되고 비실제적인 것을 무제약적이고 절대적인 것으로 이렇게 변환시키는 것의 부당함은 쉽게 인식될 수 있다. 이제 그 샛길의 진상이 밝혀져야 한다. 특정한 개념이 문장으로 표현될 경우, 순수한 통일 또는 형식적 동일성의 형식 속으로 수용된 규정은 '규정 A는 규정 A이다'라는 형식적 문장의

---

14) G. W. F. Hegel, *Phänomenologie des Geistes*(이하 '*Phä*'로 줄여 씀), Gesammelte Werke, Bd. 9, Düsseldorf, 1980, 232쪽 이하에서 헤겔은 칸트의 실천이성을 '법칙 검증적 이성'(gesetzprüfende Vernunft)으로 규정하면서, 여기에서와 마찬가지로 기탁물의 예에서 사유재산제와 재산공유제 모두가 정언명법에 따라 보편화가 가능하다는 점을 보임으로써 칸트의 형식주의적 실천철학이 지닌 결함을 논박한다.

동어반복을 산출한다. 그러한 형식은 또는 문장에서 주어와 술어의 동일성은 어떤 절대적인 것이기는 하지만 규정 A 자체와는 무관한 단지 부정적인 것 또는 형식적인 것이다. 형식에는 이 내용이 철저하게 가언적인 것이다. 그런데 문장 속에 그 형식상 존재하는 절대성이 실천이성 속에서는 전혀 다른 의미를 획득하게 된다. 즉 형식의 절대성이 또한 그 본성상 제약된 것인 내용에 전용되고, 이러한 혼합을 통해 비절대적이고 제약된 것이 그 본성에 반하여 절대적인 것으로 격상되는 것이다. 동어반복의 생산은 실천적인 관심사가 아니다. 그 유일한 힘인 이런 무익한 형식 때문에 실천이성이 그토록 과장되어 부각된 것은 아닐 것이다. 그러나 절대적 형식이 제약된 질료와 혼합됨으로써 부지불식간에 내용의 비실제적이고 제약된 것에 형식의 절대성이 슬쩍 삽입되는데, 바로 이러한 전도(顚倒)와 눈속임에 순수이성의 실천적 입법의 핵심이 놓여 있다. '소유는 소유이다'라는 문장에 '이 문장이 그 형식에서 표현하는 동일성은 절대적이다'라는 참된 의미 대신에 '이 문장의 질료, 즉 소유가 절대적이다'라는 의미가 슬쩍 삽입되는데, 이런 식으로 어떠한 규정이건 곧 의무로 만들어질 수 있다. 자의(恣意)는 대립된 규정들 가운데서 무엇이든 선택할 수 있다. 만일 어느 한 행동에 대해 예수회원들(Jesuiten)처럼 단지 개연적 근거의 형식만이 아니라 권리와 의무의 형식을 획득하는 근거를 발견해내지 못한다면 그것은 단지 미숙함 때문일 뿐일 것이다. 그리고 이런 도덕적 형식주의는 그 둘이 서로 부합하는 예수회원들의 도덕적 기술(技術)과 행복론의 원리들을 넘어서지 못한다.

여기서 개념 속으로 규정성을 수용한다는 것은 형식적인 것으로 이해되어야 한다는 점에 유의해야 한다. 혹은 그 규정성이 유지되어야 한다는 점, 따라서 질료는 규정되어 있고 형식은 무한해서 질료와 형식이 서로 모순된다는 점에 유의해야 한다. 그런데 만일 내용이 형식과—즉 규정성이 통일과—정말로 동일하게 정립된다면 실천적 입법은 이루어지지 않고 오직 규정성의 파괴만이 일어날 것이다. 이처럼 소유 자체는 보편성에 직접 대립해 있다. 소유가 보편성과 동일하게 정립되면 소유는 지양되고 만다.—규정성이 무한성 내지 보편성으로 수용됨으로써 이렇게 파괴되는 것은 실천적 입법에도 즉각 곤란한 일이다. 그 규정 자체가 어느 한 규정을 지양하는 행위를 표현하는 유형일 경우, 지양하는 행위가 보편적인 것 또는 지양태(止揚態, Aufgehobensein)로 고양(高揚)됨으로써 지양되어야 할 규정도 또 지양하는 행위도 모두 파괴되기 때문이다. 그러므로 보편성 속에서 사유되면 스스로를 파괴하는 그런 규정과 관련되어 있는 준칙은 보편적 입법의 원리가 될 수 없으며, 따라서 비도덕적일 것이다. 또는 어느 한 규정을 지양하는 행위가 되는 준칙 내용은 그것이 개념으로 고양되면 자기 자신과 모순된다. 규정이 지양된 것으로 사유되고 나면 규정을 지양하는 행위도 없어진다. 그렇지 않고 이 규정이 유지된다면 역으로 준칙 속에 정립된 지양하는 행위가 정립되지 않는다. 그러므로 규정이 유지되건 그렇지 않건 간에 어떤 경우에도 규정을 지양하는 것은 불가능하다. 그러나 그 원리상 자기모순적이어서 비도덕적인 준칙은 〔실천이성의 형식적 입법 속에서는〕 규정의 지양을 표현하기 때문에 절대적으로 이성적이고, 따라서 절대적으로 도덕적이다. 이성적인 것이란 그 부정적인 측면에서는 규정들의 무차별, 제약된 것의 지양태이기 때문이다. 이와 같이 빈곤한 자를 구제하라는 규정은 빈곤이라는 규정의 지양을 표현한다. 이러한 규정을 내용으로 한 준칙은 그것을 보편적 입법의 원리로 고양시켜서 검증하면 자기 자신을 파괴하기 때문에 그릇된 것으로 입증된다. 빈곤한 자들을 보편적으로 구제한다고 사유한다면 빈곤한 자란 전혀 없게 될 것이다. 그렇지 않고 오직 빈곤한 자들만 있다면 구제할 수 있는 자가 남아 있지 않을 것이다. 그래서 두 경우 모두 구제는 사라질 것이다. 따라서 보편적인 것으로 사유되면 이 준칙은 자신을 지양한다. 반면에 지양의 조건이 되는 규정, 즉 빈곤이 유지된다면, 구제의 가능성은 남지만 준칙이 표방하는 것처럼 현실성(Wirklichkeit)으로서가 아니라 단지 가능성으로서만 남게 된다. 빈곤한 자를 구제하라는 의무가 수행될 수 있게 하기 위해 빈곤이 유지되어야 한다면, 이렇게 빈곤을 존속시킴으로써 바로 그 의무가 충족되지 않을 것이다. 이와 같이 자신의 조국을 적에 대항하여 명예롭게 수호하라는 준칙이나 그밖의 무수히 많은 준칙들이 보편적 입법원리로 사유되면 자기 자신을 지양한다. 예를 들어 조국을 수호하라는 준칙은 그렇게 확장되면 조국이라는 규정도, 적이라는 규정도 또 수호라는 규정도 지양하게 되기 때문이다.

통일이 단지 규정들의 지양이라는 순수하게 부정적인 의미만을 갖는 것이 아니듯이, 이 〔실천이성의〕 통일은 직관의 진정한 통일 또는 규정들의 긍정적 무차별이 아니다. 그리고 이 진정한 통일과 비교해보면 그러한 통일이 지닌 전도된 본질이 다른 측면에서 더욱 명백하게 될 것이다. 즉 저 실천이성의 통일은 본질적으로 차별에 의해 촉발된다. 실천이성의 통일이 어느 한 규정의 고정으로 정립되면, 이를 통해 직접적으로 다른 규정들이 배제되고 부정적으로 정립된다. 혹은 분석적 문장으로서는 그 동일성, 즉 그 형식이 자신의 내용과 모순된다. 이는 또한 그것이 하나의 판단이어야 한다는 문장에 대한 요청에 이 분석적인 문장이 그런 〔동어반복적인〕 내용을 지닌 문장으로서 모순된다고 파악할 수도 있다. 이 문장으로 무엇인가가 진술되어야 하지만, 이 동일적인 문장(identischer Satz)으로는 아무것도 진술되지 않는다. 여기서 술어에 대한 주어의 관계가 단지 형식적이고 이 둘 사이의 어떠한 차별도 정립되어 있지 않으므로 이 문장은 판단이 아니기 때문이다. 또는 통일을 보편성으로 본다면, 이러한 통일은 결국 전적으로 경험적 잡다성과 관련을 맺고 있으며, 현재적인 것인 규정이 무수히 많은 양의 경험적으로 상이한 규정들과 대립된다. 반면에 직관의 통일은 하나의 전체를 이루는 규정들의 무차별이며, 규정들을 격리되고 대립된 것으로 고착시키는 것이 아니라 이들을 총괄하고 객관화시키는 것이다. 그리고 이와 더불어 이 무차별과 차별적인 규정들이 전적으로 통합되어 있으므로, 직관의 통일이란 무차별은 가능성으로 그리고 규정은 현실성들로 분리시키거나 또는 규정들 자체를 일부는 가능적인 규정으로 그리고 일부는 현실적인 규정으로 분리시키는 것이 아닌 절대적 현재(absolute Gegenwart)이다. 이러한 직관과 현재의 힘에 인륜성 일반과 또한 당연히 저 입법적 이성(gesetzgebende Vernunft)에 우선 문제가 되는 특수 속에서의 인륜성(Sittlichkeit im besonderen)의 힘이 놓여 있는 것이다. 이 특수 속에서의 인륜성은 오히려 바로 그런〔실천 이성의〕 개념과 형식적 통일과 보편성이라는 형식을 전적으로 멀리해야 한다. 바로 이러한 형식이 인륜적으로 필연적인 것을 다른 것과의 대립 속에 나타나도록 함으로써 하나의 우연한 것으로 만들어서, 인륜성의 본질이 직접적으로 지양되도록 하는 것이기 때문이다. 우연한 것은 경험적으로 필연적인 것과 하나이며, 인륜성 속에서 우연한 것이란 비인륜적인 것이다. 현존하는 고통은 직관의 힘을 통해 그 안에서는 고통이 우유적(偶有的) 속성(Akzidens)이자 우연한 것으로 존재하는 감각적 지각에서부터 통일로, 그리고 객관적이고 대자적으로 존재하는 필연적인 것의 형태로 고양된다. 그리고 형식적 통일이 야기하는 가능성들의 이모저모를 생각하지 않는 이러한 직접적 통일을 통해 고통은 그 절대적 현재 속에서 보존된다. 그러나 직관의 객관성과 대자존재(Fürsichsein)를 이러한 통일로 고양시킴으로써 고통은 주체로부터 진정으로 분리되고 이러한 통일에 대한 고정된 직관 속에서 이념적으로 된다. 반면에 고통이 반성의 통일을 통해 다른 규정들과 비교되

거나 보편적인 것으로 사유될 뿐 보편적으로 발견되지 않는다면, 고통
은 이 두 가지 방식에서 모두 우연적으로 된다. 이를 통해 주체는 자신
을 그 우연성과 특수성 속에서만 인식할 뿐인데, 이러한 인식이 바로
무력함에 대한 감수성이자 비인륜성이다. 또는 인륜이 개인 대 개인의
관계와 관련될 때에는 인륜이란 예컨대 기탁물에 대한 신용에 존재하
는 순수한 직관이고 이념성이다. 이러한 직관과 이념성이 고수되어야
하며 다른 규정들의 가능성에 관한 사고와 형식적 통일의 개입은 저
지되어야 한다. '나에게 맡겨진 다른 사람의 소유는 나에게 맡겨진 다
른 사람의 소유이지 그 이외에 아무것도 아니다'라는 그런 직관의 통
일에 대한 표현은 '나에게 맡겨진 타인의 소유는 나에게 맡겨진 타인
의 소유이다'라는 실천적 입법의 보편적으로 표현된 동어반복과는 전
혀 다른 의미를 지니고 있다. 이 뒤의 문장에는 그에 못지않게 '나에게
맡겨진 다른 사람의 비소유(非所有, Nichteigentum)는 다른 사람의 비
소유이다'라는 문장이 대치해 있기 때문이다. 다시 말하면, 개념으로
고양되는 규정은 이를 통해 관념적으로 되며, 그에 못지않게 그것에
대립된 규정이 정립될 수 있다. 반면에 직관의 표현은 '이것'(dieses)을
포함하고 있다. 즉 그것에 가능성 자체가 전적으로 결부되어 있고, 그
것에서 분리된 가능성이나 다름(Anderssein)은 — 이런 가능한 다름에
비인륜성이 놓여 있는데 — 전적으로 파괴되어 있는 생동하는 관련과
절대적 현재를 포함하고 있다.[15]

---

15) Hegel, *Phä*, 236쪽 참조: "따라서 무엇인가가 법인 이유는 내가 그것을 모순
   적이지 않다고 보기 때문이 아니라 바로 그것이 올바르기 때문이다. 그 어떤
   것이 타인의 소유이다라는 사실은 토대로 놓여 있다. 그에 대해서 나는 따져
   서도 안 되고 이러저러한 사고나 관계, 관점 들을 모색하거나 착상하려고 해
   서도 안 되며 입법이나 검증을 하려고 생각해서도 안 된다. 실제로 나는 나의
   규정되지 않은 동어반복적 앎이 지닌 자의(恣意)에 따라 그 반대 역시 적합
   하게 만들고 따라서 법칙으로 만들 수 있을 것이기에, 그같은 내 사고의 운

비록 실천이성의 통일이 규정된 것을 파괴한다는 단지 부정적인 의미만을 가질 뿐이지 직관의 긍정적 통일은 아니라 하더라도, 그것은 부정적 이성 또는 무한성 내지 절대적 개념의 본질을 순수하게 표현할 것이다. 그러나 무한성이 고착되고 절대적인 것에서 분리되기 때문에, 이러한 무한성은 자기 자신의 반대라는 그의 본질로 나타나며, 다음과 같은 점을 통해 무한성을 확보하고 그 안에서 절대적 통일을 포착하려는 반성을 모방한다. 즉 이러한 무한성은 또한 전적으로 그 반대인 차별과 다수성을 야기하고, 이렇게 스스로를 무한히 재생산하는 대립 사이에서 단지 상대적 동일성만을 허용하며, 따라서 무한성으로서 그 자체가 자기 자신의 반대인 절대적 유한성이라는 것이다. 이렇게 고립되고 나면 무한성은 그 자체가 단지 이성의 진실로 파괴하는 위력과는 유리된 무기력한 형식에 불과한데, 이 형식은 규정성들을 파괴하지 않고 반대로 영속화하면서 자신 안에 수용하고 거처하도록 한다.

지금까지 서술된 대립과 이 대립을 실재성으로 고착화하고 상대적 동일성으로서 불완전하게 결부시키는 것에 바로 요즘의 자연법 개념에 대한 규정과 인류에 관한 학문 전반에서 자연법의 관계에 대한 규정이 의존해 있다. 지금까지 일반적으로 분석한 것을 이제 일단 극복 불가능하게 정립된 분리가 자연법에 관한 학문에서 어떻게 그 고유한 방식으로 나타나는가 하는 좀더 상세한 관련 속에서 고찰해야겠다.

대립의 원리이고 바로 대립 자체인 절대적 개념은 분리 속에 고착되어 있는 자신을 다음과 같이 서술한다. 즉 순수한 단일성으로서 자

동을 통해 나는 저 〔토대에 놓여 있는〕 관계를 전도(顚倒)시키게 될 것이다. 이 규정이 옳은 것인지 아니면 그에 대립된 규정이 옳은 것인지는 즉자대자적으로 규정되어 있다. 내 자신으로서는 내가 원하는 대로 할 수 있고 또 두 규정들 가운데 어느 것도 법칙으로 만들지 않을 수도 있을 것이다. 내가 검증하려고 시작할 때에 나는 이미 비인륜적인 길을 가고 있는 것이다. 올바른 것이 나에게 즉자대자적이라는 점을 통해 나는 인륜적 실체 속에 있다."

신은 다수성으로서 자기 자신과 대립해 있고, 그래서 순수한 단일성의 형식 아래에서나 순수한 다수성의 형식 아래에서나 자신이 절대적 개념으로 유지되며, 다수성의 형식 속에서의 자신은 상이하게 규정된 개념들의 잡다성이 아니라 단일성 아래로도 또 다수성 아래로도 종속되어 있다는 것이다. 규정된 여러 개념들 속에서 **절대적 개념**이 종속시키는 것이고, 그것은 다수가 아니라 하나이다. 그 자체가 다수성으로서의 절대적 개념은 주체들의 집합이다. 그리고 이 주체들에게는 순수한 단일성의 형식에서의, 즉 절대적 양(量, Quantität)으로서의 절대적 개념이 자신의 그런 질적 피정립태(被定立態, Gesetztsein)에 대립해 있다. 그러므로 두 가지가 모두 정립되어 있다. 즉 〔한편으로는〕 양자의 본질이자 절대적 개념인 대립자들의 내적 합일 그리고 〔다른 한편으로는〕 단일성의 형식 아래 절대적 개념의 분리태(分離態, Getrenntsein)와 다수성의 형식 아래 절대적 개념의 분리태, 이 모두가 정립되어 있다. 〔절대적 개념의 분리태라는 두번째 측면 중에서〕 앞의 단일성의 형식 속에서는 절대적 개념이 권리와 의무이며, 뒤의 다수성의 형식 속에서는 절대적 개념이 사유하고 의지(意志)하는 주체이다. 권리 및 의무의 본질과 사유하고 의지하는 주체의 본질이 단적으로 하나가 되는 첫번째 측면이 — 일반적으로 무한성이라는 고도의 추상이 그러하듯이 — 칸트와 피히테의 철학이 지닌 위대한 면이다. 그러나 이들의 철학은 이러한 합일을 충실히 지키지 않았다. 비록 이 합일을 본질이자 절대적인 것으로 인정하지만, 그에 못지않게 하나와 다수로 분리하는 것을 절대적으로 설정하여 그 하나를 다른 하나 곁에 동일한 위격(位格)을 지닌 것으로 놓은 것이다. 이에 의해 양자의 본질을 이루고 그 안에서는 이 둘이 하나일 그런 어떤 것은 긍정적인 절대적인 것이 아니라 부정적인 것 또는 절대적 개념이 된다. 또한 앞서의 필연적인 합일도 형식적으로 되고, 이 두 대립된 규정성들이 절대적인 것으로 정립되어 그 존립에서 관념성에 빠지게 된다. 그렇게 되는 한 이러한 관념성은 양자의 가능성이다. 권리 및 의무가 독립적으로 주체와 분리되어 특수한 것으로서 실재성을 갖는 것도 가능하고, 또 주체들이 권리 및 의무와 분리되어 실재성을 갖는 것도 가능하다. 그러나 또한 이 둘이 연계되어 있다는 것도 가능하다. 그리고 이 두 가능성들이 특수한 것들이고 구분되어서 그 각각이 고유한 학문을 수립하게 되는 것은 절대적으로 필연적이다. 즉 그 하나는 순수한 개념과 주체의 합일 또는 행위의 도덕성과 관련된 학문을 수립하고, 다른 하나는 비(非)합일(Nichteinssein) 또는 합법성과 관련된 학문을 수립하게 되는 것은 절대적으로 필연적이다.[16] 더욱이 인륜이 도덕성과 합법성으로 분리되어 이 둘이 한낱 가능성이 되고 나면, 바로 그 때문에 이 둘은 똑같이 긍정적인 것이 된다. 그 하나는 비록 다른 하나에 대해 부정적이지만 양자가 다같이 그러하다. 그 하나가 절대적으로 긍정적인 것이고 다른 하나가 절대적으로 부정적인 것은 아니다. 각각은 모두 서로 관계하고 있으며, 무엇보다도 이 둘이 단지 상대적으로 긍정적이라는 점 때문에 합법성도 또 도덕성도 절대적으로 긍정적이거나 참으로 인륜적이지는 못하다. 그래서 이 둘 가운데 어느 하나도 다른 하나만큼이나 긍정적이므로 이 둘은 절대적으로 필수적이며, 의무와 권리의 순수한 개념과 그 주체가 하나가 아니라는 가능성은 바뀔 수 없게 단적으로 정립된다.

이것에서 합법성의 체계(System der Legalität)의 기본개념들이 직접

---

16) 도덕성과 합법성의 구분 그리고 그에 따른 법론(Rechtslehre)과 덕론(Tugendlehre, Sittenlehre)의 분리에 대해서는 I. Kant, *Metaphysik der Sitten*, B 7, B 15 이하와 Fichte, *Naturrecht*, 10쪽 이하, 88쪽 참조. 셸링 역시 그의 *System des transcendentalen Idealismus*, in F. W. J. Schellings sämtliche Werke, Bd. III, 1. Abt., Stuttgart-Augsburg, 1858, 583쪽 이하에서 이같은 분리를 따랐다.

다음과 같은 방식으로 도출된다. 합법성의 체계는 순수한 자기의식 (reines Selbstbewußtsein)의 조건이다. 그리고 이 순수한 자기의식 내지 자아는 참된 본질이자 절대적인 것이지만, 그런데도 그것은 조건지어 졌으며, 그 조건이란 그것이 실제적 의식(reelles Bewußtsein)으로 진행 한다는 것이다. 서로에 대한 이러한 피조건(Bedingtsein)의 관계에서 이들은 전적으로 대립 상태로 남는다. 이 순수한 자기의식, 순수한 통 일, 공허한 도덕법칙, 모든 사람의 보편적 자유가 실제적 의식에, 즉 주 체, 이성존재, 개별적 자유에 대립해 있다. 이를 피히테는 대중적인 방 식으로 신의와 믿음이 상실되어간다는 전제로 표현한다.[17] 그리고 이 러한 전제 위에 하나의 체계를 수립한다. 이 체계를 통해 인륜성의 개 념과 주체가 양자의 분리에도 불구하고 바로 그 때문에 단지 형식적이 고 외면적으로 ─ 이 관계를 강제(Zwang)라고 부르는데 ─ 통합되어 야 한다는 것이다. 이로써 이같은 합일의 외면성이 전적으로 고착되어 어떤 절대적이고 즉자적으로 존재하는 것으로 정립되면서 내면성이 나 상실된 신의와 믿음의 회복이나 보편적 자유와 개인적 자유의 합일 이나 인륜성은 불가능하게 된다.

이같은 외면성의 체계에서는 제약된 것에서 제약된 것으로 나아가 는 모든 체계에서와 마찬가지로 무제약적인 것을 제시할 수 없거나, 아니면 그러한 무제약적인 것이 정립될 경우에도 그것은 제약된 차별 자를 자신의 외부에 가지고 있는 형식적 무차별, 형식 없는 본질, 지혜 를 결여한 권력, 내적 질을 결여한 양(量) 내지 무한성, 운동이 없는 정 지(靜止)이다. 여기서 우리는 그러한 외면성의 체계에 대한 가장 일관 된 서술로서 피히테의 서술을 염두에 두고 있는데, 그의 서술은 가장 덜 형식적이고 자신과는 낯선 인륜성이나 종교를 필요로 하지 않는 참

---

17) Fichte, *Naturrecht*, 139쪽 이하.

으로 일관된 체계를 시도한다.

각 개별자의 작용이 보편의지(allgemeiner Wille)에 의해 강제된다는 기계적 필연성을 가지고 작용하는 기구(機構)가[18] 지닌 최대과제는 어떻게 이 보편의지가 그 기관(器官)이자 관리자인 주체들 안에서 필연적으로 실제적인가 하는 것이다. 그런데 이렇게 설정한 과제 속에는 이미 보편의지에 대한 개별의지의 대립이 전제되어 있다. 이로써 보편의지와 합일하는 것은 내적인 절대적 위엄으로서가 아니라 외적 관계나 강제를 통해 산출되어야 하는 것으로 파악되고 정립된다. 그러나 여기 현실에서는 정립되어야 할 강제와 감시가 진행되는 가운데 무한계열로 나아갈 수 없으며, 실제적인 것에서 이념적인 것으

---

18) Fichte, *Naturrecht*, 142쪽 참조: "따라서 그것에 의해 모든 불법적인 행위에서 그 행위가 지닌 목적의 반대가 결과하게 된다는 기계적 필연성을 가지고 작용하는 기구가 설립될 수 있다면, 이같은 기구를 통해 의지는 부득이 오로지 합법적인 것만을 의지하도록 될 것이다. 신의와 믿음이 사라지고 난 후 그러한 기구를 통해 안전이 회복될 것이며, 악하고 타인의 물건을 탐욕하는 의지는 바로 자기 자신의 불법적인 탐욕에 의해 동일한 [선한] 목적으로 이끌리게 됨으로써 법의 외적 실현을 위해서 선의지(善意志)는 필요없게 될 것이다. 지금 기술한 것과 같은 기구가 바로 **강제법**(Zwangsrecht)이다."

또한 I. Kant, *Zum ewigen Frieden*, B 61 이하: "그것이 아무리 가혹하게 들린다 할지라도 국가 수립의 문제는 악마들의 민족(Volk von Teufeln)조차 (그들이 오성을 가지고만 있다면) 해결할 수 있는 문제인데, 그 문제는 다음과 같다. '자신을 보존하기 위해 전체적으로는 보편법률을 요구하지만 그 각자는 은밀히 보편법률에서 자신을 제외시키고자 하는 성향을 지닌 이성적 존재들의 집단을 그들이 사적인 심성에서는 서로에 대해 역행하는데도 공적인 행위에서는 마치 그런 악한 심성을 가지고 있지 않은 것과 같은 결과가 되도록 그들의 심성을 서로 제어하게끔 질서짓고 헌정(憲政)을 수립하는 것.' 이러한 문제는 틀림없이 해결할 수 있다. 왜냐하면 문제는 인간의 도덕적 개선이 아니라 자연의 메커니즘인데, 이 과제가 요구하는 것은 사람들이 강제법(Zwangsgesetze)에 복종하도록 서로를 강박해서 법률이 유효성을 갖는 평화상태를 야기할 수밖에 없게끔 한 민족 안에서 그들의 비평화적인 심성 간의 분쟁을 조정하기 위해서는 이 자연의 메커니즘을 어떻게 하면 인간에게 적용할 수 있는지를 아는 것이다."

로 비약할 수 없다. 보편적 자유의 개념에 따라 강제가 시작되는 최고의 긍정적인 점(點, Punkt)이 있어야만 한다. 그러나 이 점은 다른 모든 점들과 마찬가지로 그것이 그렇게 보편적 자유의 개념에 따라 〔다른 점들을〕 강제하도록 그 자신이 강제되어야 한다. 이러한 강제의 보편적 체계에서는 강제되지 않는 어느 한 점이란 그 원리에서 벗어나 초월적(transzendent)으로 될 것이다. 따라서 이제 문제는 어떻게 이 최고의지가 이처럼 강제와 감시를 통해 보편의지의 개념에 부합하게 되는가, 따라서 어떻게 이 체계가 순전히 내재적이면서 선험적으로 유지될 수 있는가 하는 것이다. 이는 서로 대치해 있는 양측에 전체의 권능이 배분되어서 피치자는 정부(政府)에 의해 강제되고 또 정부는 피치자에 의해 강제되는 방식으로밖에는 이루어질 수가 없다. 만일 권능 및 그와 더불어 가능한 강제가 양측에 불균등한 강도로 정립된다면, 한쪽이 다른 쪽보다 더 많은 권력(Gewalt)을 가진 만큼 또는 양측의 차분(差分)만큼 한쪽만 강제되고 그에 대립된 쪽은 강제되지 않게 될 것이다. 이래서는 안된다. 실은 우월한 자만이 강자인 것이다. 무엇인가가 다른 것에 대해 한계(Grenze)가 될 수 있기 위해서는 이것이 다른 것과 동등해야만 하기 때문이다. 따라서 열등한 자는 우월한 자에 대해 한계가 되지 못한다. 그러므로 양측은 동등한 권력을 가진 채 서로 강제되고 강제해야만 한다. 하지만 이런 식으로 작용과 반작용, 입장과 반대입장(Stand und Widerstand)이 동등하게 강하다면, 이 쌍방적 권력은 평형으로 환원되고 이와 함께 모든 활동이나 의지의 외화(Willensäußerung)나 행동도 지양되고 만다. 이와 같은 환원은 작용과 반작용이 존재하고 작용한다고 긍정적으로 사유될 수도 있고, 또 이들이 부정적으로 정립되어서 작용도 반작용도 현존하지 않아서 평형이 이루어진다고 부정적으로 사유될 수도 있다. 직접적 대치(對峙)를 작용들의 원(圓)으로 확장시키고 그렇게 해서 대립자들의 환원이 나타나는 접촉의 중심과 점을 이 중심의 현혹적인 진공화(眞空化)를 통해 외관상 지양시킴으로써 이러한 죽음에서 구제하려는 것 역시 진정한 탈출구가 되지 못한다. 최고권력에서부터 모든 개별성들에 이르기까지 그 분지화(分枝化)를 통한 강제의 하향적 위계질서에 대항하여 바로 그같은 피라미드가 다시 이 개별성들에서부터 하향적 정점(頂點)에 대항한 반대압력의 최고 정점까지 높이 솟아오르도록 되어야 할 것이다. 그리고 그렇게 해서 그 전체가 하나의 원으로 굽혀져서, 이 원 안에서는 접촉의 직접성이 사라지고 덩어리를 이루던 힘들이 분할되며, 중간고리들을 통해 이러한 인위적인 차별이 생겨나도록 해야 할 것이다. 그리하여 한 고리가 그것을 움직이는 고리에 직접 반작용하는 것이 아니라(그렇게 해서는 평형으로 환원하는 일이 발생한다) 그것을 움직이는 고리와는 다른 고리에 항상 반작용하여, 처음의 것이 마지막 것을 움직이고 다시 이 마지막 것이 처음의 것을 움직이도록 하는 상태가 되어야 할 것이다. 그러나 그 부분들이 차례대로 모두 움직이도록 할 그같은 **영구운동체**(perpetuum mobile)는 스스로를 움직이는 대신 곧 완전한 평형에 들어서게 되어 완전한 **영구정지체**(perpetuum quietum)가 된다. 압력과 반대압력, 강제함과 강제됨은 서로 완전히 균등하고 그렇게 직접 대치해 있어서 처음 표상했던 것과 마찬가지로 곧 힘들의 환원을 초래하기 때문이다. 순수한 양(量)은 아무런 차별이나 진정한 무한성과 형식도 자신 안으로 가져오지 않는 그런 매개성(Mittelbarkeit)에 의해 현혹되지 않고, 전혀 분리되지 않은 순수한 무(無)형태적 권능으로 여전히 남는다. 이런 식으로는 보편적 자유의 개념에 부합한다고 하는 권능에 대한 강제가 불가능하다. 이 권능 외부에는 어떠한 권력도 발견되지 않고, 또 이 권능 자체 안으로는 어떠한 분리도 정립될 수 없기 때문이다.

그리고는 이로 말미암아 극히 형식적인 구별로 도피하게 된다. 물론 현실권력은 하나의 권력으로서 정부 안에 통합되어 설정된다. 그러나 가능권력이 그에 대치해 있으며, 이 가능성은 그러한 것으로서 저 현실성을 강제할 수 있어야 한다. 즉 제1의 공동의지(gemeinsamer Wille) [정부]에 결부되어 있는 권력이 정부를 떠났는지, 이 권력이 보편적 자유의 개념에 부합하는지 아니면 더 이상 그렇지 않은지에 대한 판정은 공동의지의 권력 없는 제2의 실존에 귀속되어야 한다. 이 제2의 공동의지는 최고권력 전반을 감시해야 하고, 최고권력에 보편의지 대신 사적(私的) 의지(Privatwille)가 등장할 때에는 이 사적 의지에게서 최고권력을 박탈해야 한다. 그리고 이것이 행해지는 방식은 바로 이 순간부터 최고 국가권력의 모든 행위가 전적으로 무효라고 하는 절대적 효력을 지닌 공식적인 선언이어야 한다. 권력이 자신의 판단으로 스스로를 자기 자신에게서 격리시키는 일은 반란일 터인데, 이러한 일은 일어나지 않아야 하고 또 일어나서도 안 된다. 그같은 순수한 권력이란 오로지 스스로를 공동의지로 구성할 수 없는 사적 의지들로 이루어져 있기 때문이다. 그러나 보편의지가 앞서의 권력자들에게서는 더 이상 현존하지 않으므로, 이러한 대중으로서의 집단(Menge als Gemeine) 혹은 순수한 권력이 또한 보편의지의 이념과 통합되어 있다고 선언하는 것도 이 제2의 공동의지이다. 최고권력에 대항하여 무엇인가를 강제해야 할 어떠한 규정이 정립되건 간에 이 규정에는 한낱 가능성이 아닌 실제권력이 결부되어 있어야 할 것이다. 그러나 실제권력은 공동의지의 또 다른 대리자[정부]의 수중에 있기 때문에 후자에게는 그 어떤 규정도 방해할 만한 능력이 있다. 또한 민선감독관(Ephorat)[19]에게

---

19) 'Ephorat'는 피히테의 국가론에서 공화정 시기 로마의 호민관(tribunus plebis) 제도를 본따 행정부와 사법부를 감독하고 권력의 남용을 견제하여 국민의 보편의지를 직접 관철시키기 위해 설정한 최고 권력기구이다. 이 용어는 고대 스파르타에서 시행되었던, 해마다 새로 선출되는 5인의 민선행

감시나 금지령의 공포(公布) 같은 어떠한 직무가 위임되건 간에 또 어떠한 형식절차들이 기안되건 간에 〔정부는〕 이를 파괴할 능력을 지니고 있다. 더구나 〔정부는〕 이러한 규정들을 유효하게 만들 수 있는 자〔민선감독관〕가 지닌 것과 동등한 권리를 가지고 그렇게 할 수 있다. 왜냐하면 이들 민선감독관은 정부 못지않게 동시에 사적 의지들이고, 사적 의지가 정부를 보편의지에서 격리시켰는지에 관해서 민선감독관이 정부에 대해 판결할 수 있는 만큼이나 정부도 〔민선감독관에 대해〕 판결할 수 있으며, 동시에 이 판결을 전적으로 유효하게 만들 수도 있기 때문이다. 잘 알려진 것처럼 최근에 정부를 마비시키는 경쟁적인 입법권력을 정부가 해체시켰을 때, 피히테의 민선감독관제와 유사한 감독위원회의 설립은 그러한 폭력행위를 저지했으리라는 착상이 제기되었다. 그러나 이에 대해 그 자신이 이 사건에 연루되었던 한 인물이 그같은 감독권을 갖고 정부에 저항하려는 위원회도 마찬가지로 폭력적인 취급을 받았을 것이라고 올바로 판단했다.[20] —— 그리고 마지막으로 최고권력자가 자발적으로 보편의지의 이 제2의 대리자에게 대중을 소집하여 이들이 자신과 민선감독관 사이에서 심판하도록 허용할 수도 있을 것이다. 그러나 만일 그렇게 한다면, 모든 것에서 사적인 일만 감시하고 공적인 삶은 영위하지 않으며 이와 더불어 보편의지의 의식과 전체의 정신 속에서 행위하는 방향으로 육성되지 못하고 전혀 그와 반대로만 육성된 이 천민(Pöbel)들로 도대체 무엇을 할

정감독관(έφορος, ephoros) 제도에 그 역사적 기원을 두었다. 이에 대해서는 Fichte, *Naturrecht*, 170쪽 이하 참조.

[20] 여기서 헤겔은 1799년 11월 9일(혁명력 8년 브뤼메르 18일) 나폴레옹 1세(B. Napoléon)가 주도한 이른바 브뤼메르(Brumaire) 쿠데타 사건을 언급한 것 같다. 이 쿠데타를 통해 나폴레옹은 하원인 500인회를 해산하여 프랑스혁명으로 수립된 공화정을 종식시키고 원로원이 그를 제1통령으로 임명함으로써 이후의 독재를 향한 길을 열어놓았다.

수 있겠는가?

여기서 밝혀진 바는 오로지 관계에 따라(nach dem Verhältnis) 정립된 인륜 또는 외면성과 강제는 총체성으로 사유되면 스스로를 지양한다는 점이다. 이로써 강제는 실제적이지 않고 즉자적이지 않다는 점이 입증되었다. 하지만 우리가 이를 강제 자체에서 그 개념에 따라 그리고 이 관련의 관계가 지닌 규정성에 따라 제시한다면 이러한 점이 더 명확해질 것이다. 관계는 무릇 즉자적이지 않다는 점을 부분적으로는 변증법이 입증해야 하고, 부분적으로는 이미 위에서 이를 간략하게 서술했다.

강제와 연관되어 있고 바로 이러한 관계를 표현하는 개념들에 관해서는, 이들이 본질 없는 추상들 내지 사념물 또는 실재성을 결여한 상상에서 나온 본질이라는 점이 이미 일부분 제시되었다. 처음에는 개별자들의 자유와 분리된 만인의 보편적 자유의 개념이라는 헛된 추상이 등장하고, 다음에는 다른 편에 〔앞서 사상되었던〕 바로 이 개별자의 자유가 그와 마찬가지로 고립되어 등장한다. 홀로 정립된 그 각각은 실재성 없는 추상이다. 그러나 양자가 절대적으로 동일하게 정립되어 근저에 놓여 있는 이 첫번째 동일성에서 오로지 정립된다면, 이 둘은 그 의미를 단지 비동일성 속에서만 갖는 저 개념들과는 전혀 다른 것이 된다. 물론 자연적인 자유나 근원적인 자유는 보편적 자유의 개념을 통해 제한되어야 한다. 그러나 제한할 수 있는 것으로 정립될 수 있는 이러한 자유는 바로 그렇기 때문에 또한 절대적인 것이 아니다. 또 개별자의 자유가 강제의 외면성을 통해 절대적인 필연성을 가지고 보편적 자유의 개념에 부합하게 된다는 식으로 이념을 합성하는 것은 그 자체가 모순이다. 이는 개별자가 절대적이지 않은 어떤 것을 통해 보편자와 절대적으로 동일하게 되는 것을 표상한다는 말과 다르지 않다. 강제개념 자체 안에 자유에 대해 외적인 것이 직접 정립된다. 그러나 그것에 대해 진정 외적인 것 내지 낯선 것이 존재하는 자유는 자유가 아니다. 자유의 본질과 형식적 정의(定義)는 바로 그 어떤 절대적으로 외적인 것도 없다는 것이다.

자유를 대립된 규정들 사이의 선택으로 여겨서 +A와 −A가 놓여 있을 경우 자유란 자신을 +A나 아니면 −A로 규정하는 것에 있고 이러한 이것이냐 아니면 저것이냐(entweder-oder)에 전적으로 매여 있다고 생각하는 그러한 자유에 대한 견해는 단연코 거부되어야 한다. 이런 선택 가능성 같은 것은 경험적인 통상적 필연성과 하나이고 이와 분리될 수 없는 경험적 자유일 뿐이다. 오히려 자유는 대립자들, 즉 +A와 −A의 부정 또는 관념성이며, 둘 중 어느 것도 존재하지 않는다는 가능성의 추상이다. 자유에 대해 외적인 것이 존재하는 것은 그것이 오로지 +A로 규정되거나 또는 오로지 −A로 규정되는 한에서만 그러하다. 그러나 자유는 바로 이와 반대인데, 자유에 대해 외적인 것은 없으며, 따라서 자유에 대해서 어떠한 강제도 불가능하다.

각각의 규정은 그 본성상 +A이거나 아니면 −A이다. 그리고 +A에 −A가 불가분하게 엮여 있는 것처럼 −A에 +A가 엮여 있다. 이와 마찬가지로 개인이 자신을 +A라는 규정으로 정립했다면, 그는 또한 −A에 매여 있고, −A는 그에게 외적인 것이며 그의 권력 아래 있는 것이 아니다. +A와 −A의 절대적인 결부로 인해 그는 +A라는 규정을 통해 직접 −A가 지닌 낯선 권력 아래 있게 될 것이고, 자신을 +A 아니면 −A로 규정하는 선택에 존재하는 자유란 결코 필연성을 벗어나지 못할 것이다. 〔선택으로서의〕 자유가 자신을 +A로 규정하면, 그것은 −A를 파괴하지 않았으며, −A는 자유에 대해 외적인 것으로서 절대적으로 필연적으로 존립한다. 또 자유가 자신을 −A로 규정하면 그 역이 성립한다. 긍정적으로나 또는 부정적으로나 −A를 +A와 통합시켜서 +A라는 규정 속에 있기를 멈출 때에만 그것은 자유이다. 두 규정들의 통합 속에서 양자는 무화(無化)되어 있다. 즉 +A-A=0이다. 만일 이 무(無)가 +A와 -A에 대해 단지 상대적으로, 즉 무차별적 A 자체가 하나의 규정으로서 그리고 다른 -에 대한 +로 또는 +에 대한 -로서 사유된다면, 절대적 자유는 이러한 대립도 또 각각의 대립자들도 그리고 모든 외면성도 초월해 있다. 절대자유에는 어떠한 강제도 가능하지 않으며, 강제는 전혀 실재성을 가지지 않는다.

그런데 이러한 자유의 이념조차 하나의 추상인 것처럼 보인다. 그리고 예를 들어 구체적인 자유, 즉 개인의 자유에 관하여 논한다면, 그같은 규정의 존재 그리고 그와 더불어 선택 가능성으로서의 경험적 자유, 따라서 또한 경험적 필연성과 강제의 가능성, 보편성과 개별성의 대립 일반이 정립될 것이다. 개인은 개별성이고, 자유는 개별성의 무화(Vernichten der Einzelheit)이기 때문이다. 개별성에 의해 개인은 직접적으로 규정들 아래 있으며, 이로써 개인에게 외적인 것이 현존하게 되고, 그와 더불어 강제가 가능하게 된다. 그러나 규정들이 무한성의 형식 아래에서 개인 안으로 정립되는 것과 규정들을 절대적으로 개인 안으로 정립하는 것은 서로 다르다. 후자를 통해서는 동시에 무한성의 형식 아래의 규정이 지양된다. 그리고 개인은 오직 자유로운 존재로서 존재한다. 즉 규정들이 개인 안에 정립되어 있다는 것에 의해 개인은 이 규정들의 절대적 무차별이 되는데, 바로 여기에 형식적으로 개인의 인륜적 본성이 있다. 마찬가지로 개인들이 무릇 자기 자신에 대해서건 혹은 다른 어떤 것에 대해서건 차별적이고 외적인 것과 관련을 맺고 있는 한, 이러한 외면성 자체가 무차별적이고 생동하는 관련이라는 점에 조직체가 존립한다. 이와 더불어 ——총체성은 오직 조직체 속에 존재하므로—— 인륜성의 긍정적인 것이 존립한다. ——그러나 개별자로서의 개인의 무차별은 규정들의 존재와 관련되어 있으며 하나의 부정적 무차별이다. 하지만 개인의 존재가 정말 개별성으로 정립되는 곳에서는, 즉 개인에게 긍정적으로는 극복되지 않는 부정으로, 외적인 것을 외적인 것으로 공고하게 유지시키는 규정성으로 정립되는 곳에서는 단지 순전히 **부정적인** 절대성 내지 무한성만이 개인에게 남는다. 즉 −A와 +A의 절대적 부정만이 남거나 또는 개인이 이 개별태(Einzelnsein)를 절대적으로 개념 안으로 수용한다는 것만이 남는다. 주체의 +A라는 규정에 대해 −A가 외적인 것이므로 개인은 이 관계에 의해 낯선 권력 아래 있게 된다. 그러나 개인이 그의 +A를 하나의 규정으로서 그에 못지않게 부정적으로 정립하고 지양하고 떼어버릴(entäußern) 수 있다는 것을 통해 개인은 낯선 권력의 가능성과 현실성 가운데서도 전적으로 자유롭게 남는다. 개인이 +A도 −A도 부정함으로써 그는 제압되지만(bezwungen) 강제되지는(gezwungen) 않는다.[21] 개인은 +A가 자기 안에 절대적으로 고착되어서 하나의 규정으로서의 +A에 다른 규정들의 무한한 사슬이 엮일 수 있을 때에만 강제를 감수해야 할 것이다. 규정들에서 추상할 수 있는 가능성에는 제한

---

21) '제압'(Bezwingen)은 이 시기 헤겔의 핵심적인 개념으로서 '강제'(Zwang)와 대비되어 사용된다. 일상적인 용법에서는 '제압'이 '강제'보다 오히려 더 강압적인 의미를 지니고 있으나, 여기서는 '눌러 제어함'이라는 사전적인 의미로 이해한다. 이에 따라 '강제'가 강제되는 것의 본성에 반하여 외부의 힘을 통해 억지로 다스리는 것을 말한다면, 여기서 '제압'은 본성에 거스르는 경향을 눌러 극복하고 본성에 알맞도록 순치시키는 것을 말한다. 제압 역시 강제처럼 타율적이지만 제압되는 것 자신의 본성을 실현시킨다는 점에서 오히려 자유를 위한 조건으로 파악된다. '자유로의 강제'라는 사상은 "법은 인간을 자유롭게 만들기 위해 인간을 속박하는 수단"이라는 루소(J. J. Rousseau)의 말에 이미 담겨 있다. 이 시기의 헤겔에 따르면 이러한 의미의 제압을 통해서만 개별자는 인륜성에 도달하고 진정한 자유를 획득할 수 있다. 반면에 개인의 자율성을 더욱 강조하게 되는 후기 철학에서는 이 개념이 '훈육'(訓育, Zucht) 내지 '도야'(陶冶, Bildung) 등의 좀더 완화된 개념으로 대체된다. 'Bezwingen'을 문맥에 따라서는 '억제' '제어' '극복' 등으로 옮기는 것이 더 알맞은 경우도 있으나 중요한 용어인 만큼 부정적인 어감이지만 '제압'으로 통일하여 옮겼다.

이 없다. 또는 〔이러한 가능성에는〕 절대적인 규정성이란 없는데, 왜냐하면 이는 자신과 직접 모순될 것이기 때문이다. 자유 자체 또는 무한성은 비록 부정적인 것이긴 하지만 절대적인 것이다. 그리고 그 개별존재는 개념 안으로 수용된 절대적 개별성, 부정적으로 절대적인 무한성, 순수한 자유이다. 이 부정적으로 절대적인 것 내지 순수한 자유는 그 현상에서는 죽음이며, 죽음의 능력을 통해 주체는 자신을 자유롭고 모든 강제를 전적으로 초월한 것으로 입증한다. 죽음은 절대적 제압이다. 그리고 이 제압이 절대적이기 때문에, 또는 이 제압 속에서 개별성은 전적으로 순수한 개별성이 되기 때문에, 즉 -A의 배제와 더불은 +A의 정립이 아니라──이러한 배제는 진정한 부정이 아니라 -A를 외적인 것으로 정립하고 동시에 +A를 하나의 규정성으로 정립하는 것일 것이다── +와 - 모두의 지양이기 때문에, 이러한 제압은 자기 자신의 개념, 즉 무한하고 자기 자신의 반대 또는 절대적 해방이며, 죽음 속에 있는 순수한 개별성은 자기 자신의 반대, 즉 보편성이다. 그러므로 제압은 규정성의 한 측면의 지양이 아니라 그 규정이 긍정적으로 정립되어 있건 부정적으로 정립되어 있건 간에 또는 주관적으로 정립되어 있건 객관적으로 정립되어 있건 간에 순수하게 규정의 지양을 지향하고 따라서 그 자체로 볼 때 자신을 순수하게 부정적으로 유지하기 때문에 제압 속에는 자유가 있다. 혹은 지양 자체가 또한 반성에 의해 긍정적으로 파악되고 긍정적으로 표현될 수 있으므로, 규정성의 양 측면의 지양은 규정된 것이 그 양 측면에 따라 완전히 균등하게 정립되는 것으로 나타난다. ──이를 예컨대 처벌에 적용한다면, 처벌에서는 오직 응보(應報, Wiedervergeltung)만이 이성적이다. 왜냐하면 처벌을 통해 범죄가 제압되기 때문이다. 범죄가 정립한 규정 +A가 -A의 정립을 통해 보완되고, 이렇게 해서 양측이 무화(無化)된다. 이를 긍정적으로 본다면, 범죄자는 하나의 규정만을 정립했지만 그에게 규정 +A에 대립된 규정 −A가 결부되어 두 규정성이 똑같은 방식으로 정립된다. 이처럼 처벌은 자유의 복구(Wiederherstellung der Freiheit)이며, 범죄자도 자유롭게 남거나 오히려 자유롭게 되고, 처벌하는 자 역시 이성적이고 자유롭게 행위한 것이다. 그러므로 이러한 규정 속에서 처벌은 어떤 즉자적인 것이고 참으로 무한하며, 그와 더불어 존경과 경외를 자신 안에 지니고 있는 어떤 절대적인 것이다. 처벌은 자유에서 유래하고, 제압적인 것으로서 그 자체가 자유 속에 머문다. 반면에 처벌이 강제로 표상되면, 처벌은 한낱 하나의 규정성으로 그리고 전적으로 유한하고 아무런 합리성도 지니지 못한 것으로 정립되어서 다른 사물에 대한 하나의 특정한 사물 또는 그것으로 다른 어떤 것, 즉 범죄를 사들이는 하나의 상품이라는 통속적인 개념으로 완전히 전락한다. 그리고 사법권(司法權, richterliche Gewalt)으로서의 국가는 다른 규정들과 거래되는 범죄라는 규정이 있는 시장을 운영하는 것이 되고, 법전(法典)은 가격표가 되고 만다.

〔III〕

　　이러한 추상들과 그것에서 발생하는 외면성의 관계는 분명 헛된 것이다. 그러나 또한 그만큼 앞의 예에서 범죄와 처벌의 관계로 규정하면서 특징지은 부정적으로 절대적인 것의 계기 또는 무한성의 계기는 절대적인 것 자체의 계기이며, 그것은 이제 **절대적 인륜성**(absolute Sittlichkeit) 안에서 제시되어야 한다. 우리는 절대적 형식 또는 무한성의 여러 활용을 그 필연적인 계기들 속에서 포착하고 이 절대적 형식 또는 무한성이 어떻게 절대적 인륜성의 형태를 규정하는지를 제시할 것인데, 이로부터 실천적 학문들의 진정한 개념과 관계가 밝혀질 것이다. 여기서 우선은 절대적 인륜성 안에 포함되어 있는 관계들의 규정이 관건이 되는 점이고 따라서 무한성의 측면이 부각되어야 하므로, 절대적인 인륜적 총체성이란 다름 아닌 민족(Volk)이라는 긍정적인 것을 전제하겠다. 이 점은 우리가 여기서 고찰할 부정적인 것에서도 앞으로 서술될 그 계기들 속에서 명확하게 될 것이다. ─ 이제 무한성 또는 절대적으로 부정적인 것으로서의 형식은 절대적 인륜성 속에서는 다름 아니라 앞서 파악된 그 자신의 절대적 개념으로 수용된 제압 자체이다. 이 절대적 개념 속에서 제압은 개별적인 규정들과 관련되어 있는 것이 아니라 이들의 현실성과 가능성 전반, 즉 삶(Leben) 자체와 관련을 맺고 있어서 그 질료는 무한한 형식과 동일하다. 그러나 개별적인 규정들의 긍정적인 것은 절대적 인륜이라는 점, 즉 한 민족에 소속되어 있다는 점이다. 개별자는 이 긍정적인 것과의 합일을 오직 부정적인 것 속에서, 즉 죽음의 위험을 통해서만 확실하게 입증한다. 민족과 같은 인륜적 총체성들은 긍정적인 것과 무한한 것 내지 관계의 측면의 절대적 동일성을 통해 스스로를 형태화하고 자신을 개체로 구성하며, 이와 더불어 개별적인 민족들에 대항한 개별적인 것으로서 자신을 정위(定位)한다. 이러한 위상과 개체성(Individualität)이 실재성의 측면인데, 이 측면을 간과하고 사유한다면 인륜적 총체성들은 사념물에 지나지 않는다. 그와 같은 것은 절대적 형식을 결여한 본질이라는 추상일 것이고, 그러한 본질은 바로 이를 통해 본질을 결여하고 있을 것이다. 개체성에 대한 개체성의 이러한 관련은 관계이며, 그렇기 때문에 그것은 이중적인 관련이다. 그 하나는 긍정적인 관련, 즉 평화 속에서 양자의 평온하고 동등한 병존이고, 다른 하나는 부정적인 관련, 즉 그 하나에 의한 다른 하나의 배제이다. 그리고 이 두 관련들은 모두 절대적으로 필연적이다. 이 두번째 관련에 대해서 우리는 이성적 관계를 자신의 개념으로 수용된 제압 혹은 절대적으로 형식적인 덕(德, Tugend), 즉 용맹성으로 파악했다. 관련의 이 두번째 측면에 의해 인륜적 총체성의 형태와 개체성에 전쟁의 필연성(Notwendigkeit des Krieges)이 정립되어 있다. 전쟁에는 단지 개별적인 규정들뿐만 아니라 삶으로서의 이들의 완결성이 파괴되는, 그것도 절대적인 것 자체를 위해서 또는 민족을 위해서 파괴되는 자유로운 가능성이 존재한다. 그렇기 때문에 마치 지속적인 고요에 의해 호수가 부패되는 것에서 바람의 운동이 호수를 보존하듯이, 전쟁은 바로 그렇게 규정성들에 대항하여 그리고 지속적인 혹은 심지어 영구적인 평화가 민족을 그러한 상태로 놓을 규정성들의 습관화와 고착화에 대항하여 민족의 인륜적 건

강을 유지시켜준다.[22)]

인륜적 총체성의 형태와 개체성이 외부를 향해 개별성으로 규정되고 또 그 운동이 용맹성으로 규정되어 있기 때문에 방금 고찰한 무한성의 부정적인 것에는 또 다른 측면, 즉 대립의 존속이 직접 결부되어 있다. 그 한 측면은 다른 측면과 마찬가지로 무한성이자 부정적이다. 첫번째 측면은 부정의 부정(Negation der Negation), 대립에 대항한 대립이며, 두번째 측면은 규정성들로 또는 다양한 실재성으로 존립하

---

22) 헤겔에 따르면 각 국가가 배타적인 개체로서 스스로를 관철시키려 하고 시민사회와는 달리 국제관계에서는 개별 국가를 넘어선 상위의 심판관이 있을 수 없으므로 전쟁은 사실적인 측면에서 필연적일 뿐만 아니라 그것이 국가 내부적으로 개체성의 고착화를 파괴하고 총체성을 드러낸다는 점에서 인륜적으로도 필연적이다. 이러한 관점에서 헤겔은 "전쟁의 인륜적 계기"를 말한다. 이와 관련하여 G. W. F. Hegel, *Grundlinien der Philosophie des Rechts* (이하 '*Rph*'로 줄여 씀), Werke, Bd. 7, Frankfurt/M, 1986, §324 A. 참조: "지금 제시된 것에 전쟁의 인륜적 계기가 놓여 있다. (……) 점유나 생명 같은 유한한 것이 우연한 것으로 정립되는 것은 필연적인데, 이는 우연적이라고 하는 것은 유한한 것의 개념이기 때문이다. (……) 그리하여 평상시 같으면 경건한 말투가 되고 말았을 덧없는 재화와 사물들의 허망함이 정말로 심각해지는 상태인 전쟁은 특수자의 관념성이 그 권리를 획득하고 현실성이 되는 계기이다. ― 전쟁은, 내가 다른 곳에서 표현했듯이, 그를 통해 '마치 지속적인 고요에 의해 호수가 부패되는 것에서 바람의 운동이 호수를 보존하듯이, 바로 그렇게 지속적인 혹은 심지어 영구적인 평화가 민족을 그러한 상태로 놓을 유한한 규정성들의 고착화에 대항하여 그 무차별성 속에서 민족의 인륜적 건강이 유지된다'라고 하는 더 높은 의미를 지니고 있다."

이와 유사한 생각은 영구적 세계평화를 희구하는 칸트에게서도 이미 발견된다. I. Kant, *Kritik der Urteilskraft*, B 107: "전쟁조차도 그것이 질서 있게 그리고 시민법을 신성하게 존중하면서 수행될 경우에는 그 자체로 어떤 숭고함이 있으며, 또한 동시에 그와 같은 방식으로 전쟁을 수행하는 국민이 더 많이 위험에 처해 그러한 상황 아래에서 용감하게 자신을 주장할 수 있으면 있을수록 전쟁은 그 국민의 사유방식을 더욱더 숭고하게 만든다. 반면에 오랜 평화는 한낱 상업정신 그리고 이와 더불어 천박한 이기심과 비겁함과 문약함을 만연시키고 국민의 사유방식을 저열하게 만들곤 한다." 물론 여기서 칸트는 시민법의 수호를 위한 전쟁을 염두에 두는 반면, 헤겔에게서 전쟁은 시민법의 체계 자체를 뒤흔드는 기능을 한다.

는 가운데서 부정과 대립 그 자체이다. 그 순수한 내적 무형식성과 단순성 속에서의 이 실재성들 내지 감정들은 실천적인 점에서는 차별로부터 자신을 재구성하고 무차별적 자기감정(自己感情, Selbstgefühl)의 지양태에서부터 직관의 무화(無化)를 거쳐 자신을 복원하는 감정들이다. 즉 그 자신이 다시 총체성 속에 정립되어서 그 무한한 착종 속에서 하나의 필연성에 복종하면서 물리적 욕구들에 관한 보편적인 상호 의존의 체계(System der allgemeinen gegenseitigen Abhängigkeit), 이를 위한 노동과 축적의 체계 그리고 학문으로서는 이른바 정치경제학(politische Ökonomie)의 체계를 형성하는 물리적 욕구와 향유들이다. 이 실재성의 체계는 전적으로 부정성과 무한성 속에 있으므로, 긍정적 총체성과의 관계에 대해서는 이 체계가 긍정적 총체성에 의해 극히 부정적으로 취급되고 긍정적 총체성의 지배 아래 복속(服屬)되어 있어야만 한다는 결론이 나온다. 그 본성상 부정적인 것은 부정적으로 남아 있어야 하고 어떤 확고한 것이 되어서는 안 된다. 그것이 대자적으로 스스로를 구성하고 독립적인 세력(Macht)이 되는 것을 막기 위해서는 '각자가 살 권리를 지니고 있고 민족 속에서 시민들 각자가 자신의 생계수단을 가지도록 그리고 영업의 완벽한 안전함과 용이함이 존재하도록 보편자가 보살펴야 한다'라는 문장을 제기하는 것으로는 충분하지가 않다.[23] 이 마지막 문장을 절대적인 원칙으로 사유한다면, 그것은 오히려 점유의 체계(System des Besitzes)에 대한 부정적인 취급

---

23) Fichte, *Naturrecht*, 212쪽 이하 참조: "살 수 있음(Leben zu können)은 모든 인간의 절대적인 양도할 수 없는 소유권이다. (……) 이러한 목적의 달성은 보장되어 있다. 이것이 소유계약(Eigentumsvertrag)의 정신이다. 모든 이성적인 국가헌법의 원칙은 '누구나 자신의 노동으로 살 수 있어야 한다'이다. 모든 개별자는 모든 개별자와 이 계약을 체결했다. 이에 따라 모두는 모두에게 그들의 노동이 실로 이러한 목적의 달성을 위한 수단이어야 한다고 약속했으며, 국가는 이를 위해 조치를 취해야 한다."

을 배제할 것이고, 이 체계를 전적으로 허용하면서 그것이 절대적으로 확립되도록 만들 것이다. 그러나 인륜적 전체는 오히려 이 체계를 그 내적 무가치함에 대한 감정 속에 두어야 하고, 이 체계가 양적으로 발흥하여 그것의 본성이 지향하는 점점 더 큰 차별과 불평등으로 형성되는 것을 막아야만 한다. 이는 각 국가에서도 점유의 체계가 성장하는 것과 더불어 점점 더 증대하는 국가의 비용 자체를 통해, 또 이에 상응해서 조세(租稅)가 증가하여 점유를 감소시키고 영업을 어렵게 만드는 것을 통해, 그리고 가장 효과적으로는 차별과 불평등으로 나아가는 점유의 체계를 다양한 혼란 속에 빠뜨리는 전쟁 및 다른 계층들의 시기(猜忌)와 상업의 억제를 통해, 부분적으로는 의도적으로 부분적으로는 그들의 의지에 반한 몰이해 등등을 통해 주로 무의식적으로 그리고 국가가 그것에서 벗어나 있기를 바라는 외적 자연필연성(Natur-notwendigkeit)이라는 형태로 수행된다. 그것도 국가의 긍정적 인륜성 자체가 순수하게 실제적인 체계로부터의 독립성을 허용하고 부정적이며 제한적인 태도를 주장하는 것을 허용하는 정도만큼에 이를 때까지 수행된다.

　방금 고찰한 것처럼 물리적 욕구·향유·점유·점유와 향유의 객체들이 그 다양한 측면을 이루는 이러한 관련 속에서의 실재성은 순수한 실재성이다. 이 실재성은 단지 관계의 극단(極端)들을 표현할 뿐이다. 그러나 관계는 또한 관념성, 대립된 규정들의 상대적 동일성 역시 포함하고 있다. 따라서 이 상대적 동일성은 긍정적으로 절대적일 수는 없고 단지 형식적일 수 있을 뿐이다. 실제적인 것이 관계들의 관련 속에서 그 안으로 정립되는 동일성을 통해 점유는 소유가 되고, 무릇 특수성은 ── 그리고 생동하는 특수성 역시 ── 동시에 보편적인 것으로 규정된다. 법(Recht)의 영역은 이를 통해 구성된다. ── 이제 이러한 관계 속에서 절대적인 것의 반영에 관해서는 이미 위에서 실제적이고 규정된 것의 존립에 대항한 그 부정적인 측면에 따라 제압으로 규정되었다. 실제적인 것의 존립을 위한 긍정적인 측면에 따르면 무차별은 이 특정한 소재 속에서는 자신을 단지 외적이고 형식적인 균등성 (Gleichheit)으로 표현할 수 있을 뿐이다. 그리고 이와 관련된 학문은 부분적으로는 불균등의 등급을 규정하고, 부분적으로는 이것이 가능하기 위해 생동하는 것 또는 내적인 것이 무릇 이와 같이 규정되고 계산될 수 있도록 객관적이고 외적으로 정립될 수 있는 방식을 규정하는 쪽으로 나아갈 수 있을 뿐이다. 이러한 역능(力能, Potenz)[24] 속에서는 대립 속에 현존하는 실재성의 존립으로 인해 인륜성의 절대적 실재성이 이와 같은 피상적인 현상으로 국한된다. 절대적 대립을 내포하고 있는 고착된 규정성으로 인해 불균등을 균등화하고 계산한다는 것은 한계를 지니고 있으며, 기하학처럼 통약불가능성에 직면할 뿐만 아니라 또한 전적으로 끝없는 모순들에 직면하게 된다. 이는 인륜성의 실

---

24) 'Potenz'는 '역능'(力能) '가능태' '잠재력' '잠세력'(潛勢力) 등 여러 가지로 번역된다. 헤겔은 이 개념을 단지 '가능성을 지니고 있으나 아직 발현되지 않은 힘'이라는 소극적인 의미보다는 '완성된 상태를 향하여 스스로를 발현할 수 있는 힘'이라는 더 적극적인 의미로 사용한다. 이를 고려하여 제1판에서는 이 단어를 '잠세력'으로 옮겼지만 제2판에서는 좀 더 일반화된 용어인 '역능'으로 옮긴다.

　이 「자연법」 논문에 연이어 집필된 *System der Sittlichkeit*에서 방법론상 핵심적인 역할을 하게 되는 이 용어는 직접적으로는 셸링에게서 빌려온 것이고, 개념사적으로는 목적론적·유기체적 세계관을 반영하는 아리스토텔레스의 'δύναμις(dynamis) 및 이의 라틴어 번역어인 'potentia'라는 개념으로까지 거슬러 올라간다. 이 용어에 관해 셸링은 특히 그의 *Darstellung meines Systems der Philosophie*, in F. W. J. Schellings sämtliche Werke, Bd. IV, 1. Abt., 133쪽 이하에서 설명하고 있다. 이에 따르면 'Potenz'란 그 자체로는 불변인 영원한 절대적 동일성 내지 무차별이 주관성과 객관성의 양적 차별에 따라 각각 변하면서 나타나는 특정한 형식을 말한다. 이때 각각의 역능들은 절대적 동일성의 표현으로서 그 근원인 절대적 동일성을 향한 일련의 계열을 이루며, 또한 이 계열 속에서 동시적으로 존재하는 역능들의 총체가 곧 절대적 동일성이다.

재성이 전적으로 규정성 속에 있으면서도 기하학과는 달리 추상할 수가 없고, 그것이 생동하는 관계들 속에 있는 까닭에 전적으로 그와 같은 일단의 규정성들 전체에 항상 직면해 있기 때문이다. 물론 직관에서는 개별적인 규정들을 확립하고 고수함으로써 이러한 규정들의 모순이 제거되고 종결되는데, 이를 통해 결정을 내릴 수 있게 된다. 이는 물론 결정이 내려지지 않는 것보다는 훨씬 낫다. 〔결정되어야 할〕 그 사태 자체에 절대적인 것이 없으므로 여기서는 도대체 결정되고 규정된다는 형식적인 것이 본래 본질적인 것이기 때문이다. 그러나 진정한 총체적 정의(正義, Gerechtigkeit)와 인륜성에 따라 결정된다는 것은 이와는 전혀 다르다. 그것은 바로 그와 같이 규정들을 확립하고 절대적으로 고수하는 것을 통해서는 불가능하고 오직 규정들의 융해(融解) 속에서만 가능하며, 절대적인 것으로 정립된 규정들을 복속시키고 오로지 전체만을 견지하는 직접적인 인륜적 직관을 통해서 현실적으로 된다. ── 플라톤(Platon)은 성질들을 개념 안으로 무한하게 수용하는 것의 끝없는 규정 그리고 직관에 대한 그들 개별성의 모순 및 개별성들 사이의 모순이라는 두 가지 측면에 관해 소박한 언어로 다음과 같이 말한다. 통치술(königliche Kunst)에 입법술(Gesetzgebungskunst)이 속하는 것은 분명하다. 그러나 가장 좋은 것은 법률(Gesetz)이 효력을 갖는 것이 아니라 현명하고 제왕다운 사람이 효력을 갖는 것이다. 법률은 가장 뛰어나고 가장 정의로운 것을 가장 정확하고 아주 보편적으로 완전하게 정하지는 못하기 때문이다. 그것은 사람들과 행위들이 균일하지 않고 인간사(人間事)가 결코 일정하지 않기 때문에 어떤 일에도 모든 면에서 그리고 어떤 때이고 어떤 기술(技術)로도 자기 자신과 한가지인 것을 서술한다는 것이 허용되지 않기 때문이다. 그런데 우리는 마치 자신의 명령에 반해서는 그 무엇도 일어나지 않도록 하고 그가 이미 확정한 관계에 반하여 다른 사람이 어떤 더 좋은 것을 착

안했을 때에도 이에 대해 들으려고조차 하지 않는 고집스럽고 거친 사람처럼, 법률은 바로 한가지 일에만 향하는 것을 본다. ── 따라서 결코 자기 자신과 한가지가 아닌 것〔변화하는 것〕에 자기 자신과 철저하게 한가지인 것〔불변하는 것〕이 좋다는 것은 불가능하다.[25] ── 인간사의 영역에서 즉자적으로 존재하고 절대적인 특정한 권리와 의무가 가능하다는 사고에 사로잡히는 것은 형식적 무차별에서 비롯되거나 또는 물론 즉자적이긴 하되 이 영역이 지닌 고착된 현실성 속에만 자리하는 부정적으로 절대적인 것에서 비롯된다. 그러나 그것은 즉자적인 한 공허하다. 또는 그것은 바로 순수한 추상, 통일에 관한 전혀 내용 없는 사념으로서, 그 자체로 절대적인 것은 아니다. 그것은 이를테면 지금까지의 경험에서 이끌어낸 추론도 아니고 또 구체적인 것의 불완전성이나 선천적으로는 참된 이념을 상술(詳述)할 때 발생하는 우연한 불완전성으로 간주될 수도 없다. 여기서 이념이라고 부르는 것과 이에 관한 더 나은 미래에 대한 희망은 그 자체가 헛되다는 점과 완전한 입법 및 사법권의 구체적인 것에서 법률의 규정성에 부합하는 진정한 정의(正義)란 그 자체가 불가능하다는 점을 인식해야 한다. 전자와 관련해서는, 절대적인 것이 규정들 자체 안에 있도록 되어야 하기 때문에 이 절대적인 것은 한낱 무한한 것이 된다. 그리고 정해진 척도를 결코 정해지지 않은 선분과 비교하거나 정해진 선분을 결코 정해지지 않은 척도와 비교하는 사고, 무한한 선분을 측량하려는 또는 정해진 선분을 절대적으로 분할하려는 사고 속에 정립되어 있는 바로 그런 식의 경험적 무한성과 그 자체가 끝없는 규정 가능성이 정립되어 있다. 후자와 관련해서는, 사법(司法, das Richterliche)의 대상인 그처럼 무한히 많고

---

25) Platon, *Politikos*, 294a~c. 여기서 헤겔이 말하고자 하는 것은 법의 원리는 추상적·형식적 보편성이므로 개인과 개별적 사태의 특수성까지도 함께 고려하는 실체적 정의를 실현하기에는 그것으로 충분하지 않다는 점이다.

무한히 다양하게 형성된 직관들 각각이 규정들의 양적 증가와 더불어 더욱 복잡하게 규정된다. 입법을 통한 이러한 구별들의 형성은 각각의 개별적인 직관들을 더 자세히 구별하고 더욱 다양하게 형성되도록 만든다. 그리고 입법의 확장은 ─ 여기서는 위에서 보았듯이 진리성을 지니지 못하는 ─ 긍정적 완전성이라는 목표에 접근하는 것이 아니라 단지 증대하는 형성이 지닌 형식적인 것일 뿐이다. 그리고 이제 이러한 잡다성 속에서 법과 판결에 관한 사법적 직관의 일자(一者, das Eins)가 조직되고 진정한 일자와 전체가 되기 위해서는 각 개별규정들의 변형이 절대적으로 필요하다. 즉 스스로 법이라고 자처하며 절대적이고 대자적으로 존재하는 규정으로서의 각 규정들이 부분적으로 지양되는 것, 따라서 이 규정들의 절대성이 존중되지 않는다는 것이 절대적으로 필요하다. 그러므로 순수한 적용이란 말은 할 수가 없다. 순수한 적용이란 다른 규정들의 배제와 더불은 개별규정들의 정립일 것이기 때문이다. 그러나 반작용이 부분을 통해서가 아니라 전체를 통해 규정되어 그 자체가 전체가 되기 위해서는 다른 규정들도 마찬가지로 자신들이 고려되어야만 한다는 요구를 그들의 존재를 통해 제기한다. 절대적 입법에 대한 그리고 재판관의 내면을 벗어난 판결에 대한 공허한 희망과 형식적 사고는 이러한 명백하게 규정된 인식에 굴복할 수밖에 없다.

　위에서 고찰한 실재성의 체계에서 절대적 인륜성은 이에 대해 부정적인 태도를 취해야 한다는 점이 제시되었다. 실재성의 체계 속에서 절대적인 것은 실재성의 체계가 지닌 고착된 규정성 아래 나타나는 것과 같이 부정적·절대적인 것으로, 즉 대립에 대항하여 자신을 형식적이고 상대적이고 추상적인 통일로 서술하는 무한성으로 정립되어 있다. 앞의 부정적인 태도에서는 절대적인 것이 적대적이고, 뒤의 실재성의 체계 속에서는 절대적인 것 자체가 실재성의 체계의 지배 아래 있다. 그래서 두 경우 모두 절대적인 것은 실재성의 체계에 대해 무차별적이지 않다. 그러나 대립자들의 무차별이자 이 대립자들을 내적으로 무화하여 포착하는 통일과 단지 형식적 무차별 또는 현존하는 실재성들의 관계의 동일성인 통일은 관계가 무차별 자체 안으로 완전하게 수용되는 것을 통해 그 자체가 단적으로 하나로 존재해야 한다. 즉 관계는 형태의 측면이 지닌 추상이므로 절대적 인륜은 자신을 형태로서 완벽하게 조직해야 한다. 관계가 형태 속에서 전적으로 무차별화됨으로써 그것이 관계라는 본성을 갖기를 멈추지는 않는다. 이 관계는 비유기적 자연에 대한 유기적 자연의 관계로 남는다. 그러나 위에서 제시한 것과 같이 무한성이라는 측면으로서의 관계는 그 자체가 이중의 관계이다. 즉 그 하나는 통일 또는 이념적인 것이 우선이고 지배적인 것인 한에서의 관계이고, 다른 하나는 다수 또는 실제적인 것이 우선이고 지배적인 것인 한에서의 관계이다. 앞의 측면에 따르면 관계는 본래 형태 속에 있으면서도 또한 무차별 속에 있다. 그리고 개념이나 무한성의 영원한 동요(動搖)는 부분적으로는 조직체 자체 속에서 자기 자신을 삼켜버리면서 순수하게 양적인 것인 생명 현상을 희생시키고 또 생명이 그 자신의 씨앗이 되어 자신의 재(Asche)에서 영원히 새로운 청춘으로 떠오르도록 하면서 존재한다. 그것은 또한 부분적으로는 자신의 외향적인 차별을 파괴하고 비유기체를 가지고 자신을 부양하면서 또 비유기체를 생산하고, 무차별에서 하나의 차별 내지 비유기적 자연의 관계를 초래하면서 이를 다시 지양하고, 자기 자신처럼 비유기적 자연을 먹어치우면서 존재한다. 우리는 곧 이러한 인륜의 비유기적 자연이 무엇인지를 살펴볼 것이다. 그러나 둘째로 이 관계 또는 무한성의 측면 안에는 또한 무화된 것의 존속이 정립되어 있다. 절대적 개념은 바로 자기 자신의 반대인 까닭에 그것의 순수한 통일 및 부정성과 더불어 또한 차별의 존재도 정립되어 있기 때문이다. 또는 무화는 무화되는 어떤 것 내지 실제적인 것을 정립한다. 그리하여 인륜성이 극복할 수 없는 현실성과 차별이 존재하게 될 것이다. 여기서 무한성이 지닌 모든 대립의 힘으로 세운 거처(居處)를 통해 단지 가능성에 따라서가 아니라 현실태로(actu) 존재하는 개체성, 즉 현실성에 따라 대립 속에 존재하는 그러한 개체성은 자신을 차별로부터 정화시켜 절대적 무한성 안으로 수용할 수가 없다. 이 둘, 즉 대립의 지양태와 대립의 존속이 단지 이념적일 뿐만 아니라 또한 실제적이라는 것은 무릇 분리와 격리의 정립이다. 그래서 인륜성이 객관적으로 존재하는 현실(Realität)은 [한편으로는] 무차별 안으로 절대적으로 수용된 부분과 [다른 한편으로는] 실제적인 것이 그러한 것으로서 존속하고 따라서 상대적으로 동일하며 단지 절대적 인륜성의 반영(Widerschein)만을 담지하고 있는 부분으로 나뉘어 있다. 이와 더불어 개인들 안에 전적으로 내재하고 그들의 본질을 이루는 절대적 인륜성이 그와 마찬가지로 개인들 안에서 실제적인 상대적 인륜성에 대해 지니는 관계가 정립되어 있다. 현실에서 인륜적 조직체는 자신 안에서 부정적인 것이 보편적으로 파급되지 못하도록 막고 그것을 한켠으로 밀어놓는 것을 통해서 이외에는 자신을 순수하게 보존할 수가 없다. 현존하는 실제적인 것 속에서 어떻게 무차별이 나타나며, 그것이 어떻게 형식적 인륜성이 되는지는 위에서 제시했다. 이 영역의 개념이 바로 실제적인 실천적인 것, 즉 주관적으로 보면 감각적 지각 또는 물리적 욕구와 향유의 실천적인 것이고, 객관적으로 보면 노동과 점유의 실천적인 것이다. 그리고 이 실천적인 것이 그 개념상 그렇게 될 수 있듯이 무차별 안으로 수용되면 바로 그것이 형식적 통일 또는 이 실천적인 것 안에서 가능한 법(Recht)이다. 이 두 가지 위에 절대적인 것 또는 **인륜적인 것**으로서 제3의 것이 있다. 그런데 상대적 통일의 영역 내지 실천적이고 법적인 것의 영역의 실재성은 그 총체성의 체계 속에서 고유한 계층으로 구성되어 있다. 이렇게 해서 인륜의 절대적 필연성에 따라 두 계층이 형성된다. 그 하나는 자유인 계층(Stand der Freien), 즉 개별적 인 개인들이 그 기관(器官)을 이루는 절대적 인륜성의 개인이다. 이 개 인을 무차별성의 측면에서 보면 절대적인 생동하는 정신이며, 객관성 의 측면에서 보면 전체의 기관과 관절(關節)인 개인들의 총체성 속에 서 전체의 생동하는 운동이고 신적인 자기향유(自己享有, Selbstgenuß) 이다. 그러나 그 형식적인 또는 부정적인 측면도 마찬가지로 절대적인 것이어야 한다. 즉 개별적인 규정성들의 파괴가 아니라 〔절대적 무화 인〕 죽음을 지향하고 또한 그 산물도 마찬가지로 개별적인 것이 아니 라 인륜적 조직체 전체의 존재와 보존인 그러한 노동이어야 한다. 아 리스토텔레스(Aristoteles)는 이 계층에게 그 직무로 그리스인들에게는 민족 속에서 민족과 함께 민족을 위해 사는 것, 오로지 공공(公共)에 속하는 보편적인 삶을 영위하는 것을 표현하는 정치(πολιτεύειν)라는 이름이 있던 것 혹은 철학에 종사하는 것을 지정한다.[26] 플라톤은 그 의 더 활발한 생동성에 걸맞게 이 두 가지 직무를 분리되지 않고 전적 으로 결부된 것으로 보려고 한다.[27] ── 다음으로 〔다른 한 계층은〕 욕 구와 노동의 차별 속에 그리고 점유와 소유의 권리와 정의(正義) 속에 있는 비자유인 계층(Stand der nicht freien)이다. 이 계층의 노동은 개 별성에 관여하며, 따라서 죽음의 위험을 내포하지 않는다. 이 비자유

---

26) Aristoteles, *Politik*, 1255b 35~37: "따라서 〔노예를 부리려고〕 수고하지 않아 도 되는 처지의 사람에게서는 관리인이 그런 직무를 떠맡고, 주인 자신은 정 치나 철학에 종사한다."

27) Platon, *Politeia*, 473c~d: "국가에서 철학자가 왕이 되거나 아니면 현재의 이 른바 왕이나 권력자가 진정으로 철저하게 철학을 하지 않는 한, 즉 국가권력 과 철학, 이 둘이 합치되지 않는 한, 그리고 이 둘 가운데 하나에 각각 다가서 있는 지금의 여러 인물이 필히 배제되지 않는 한, 국가를 해악에서 구할 방 도가 없다."

인 계층에 제3계층[농민계층]을 넣어야 한다. 이 제3계층은 도야(陶冶)와는 무관한 노동의 조야(粗野)함 속에서 단지 원소인 흙(Erde)과 관계하고 그의 노동은 직접적인 개체 속에서 중간고리 없이 욕구 전반과 대면해 있으며, 따라서 그 자신이 원소와 마찬가지로 견실한 총체성이고 무차별이다. 그리하여 이 계층은 제2계층[영업계층]이 지닌 오성의 차별을 벗어나 자신의 육체와 정신을 형식적인 절대적 인륜성, 즉 용맹성과 폭력적인 죽음의 가능성 속에서 보존하며, 따라서 제1계층을 그 분량과 기초적인 본질에 따라 증대시킬 수 있다. 이 두 계층은 부분적으로는 그 정적(靜的)인 관련 속에서, 부분적으로는 그 활동적인 관련 속에서 점유와 소유와 노동으로 고정되어 있는 현실의 관계에서 제1계층을 해방시킨다.[28] 이는 근래의 신흥 민족들에서는 영업계급(erwerbende Klasse)이 자신을 이에[노동과 영업활동에] 한정시키는 식으로 점차 병역(兵役)에 종사하지 않게 되고 또 [다른 한편으로] 용맹성은 더욱 정화되어 하나의 특수한 계층[군인계층]으로 형성되는 방식으로 이루어진다. 여기서 후자의 계층은 영업계급을 통해 영업

28) '자유인 계층'과 '비자유인 계층'의 구분은 공적 영역으로서 정치를 담당하는 πόλις(polis)와 사적 영역으로서 가정경제를 담당하는 οἶκος(oikos)를 구별했던 고대 그리스적 사회구조를 따르고 있다. 고대 그리스에서는 직접적인 경제활동에서 벗어난 '자유인' ─ 실제로는 자유인 신분인 성인 남성 가장(家長) ─ 만이 국방의 의무와 함께 정치에 참여할 권리를 지니고 있었다. 반면에 여성·어린이·노예 등은 '비자유인'으로서 가정 안에 귀속되어 있었다. 자유인 계층과 비자유인 계층으로의 구분은 이 시기의 헤겔이 얼마나 고대 그리스의 폴리스 모델에 경도되었는지를 잘 보여준다. 폴리스적 모델에 대해 비판적으로 거리를 두면서 근대적 인륜성을 모색하기 시작하는 *Jenaer Systementwürfe III*, Gesammelte Werke, Bd. 8, Düsseldorf, 1976, 266쪽 이하에서도 헤겔은 여전히 농민계층·시민계층·상인계층을 포함하는 '하위계층'과 공무계층·학자계층·군인계층을 포함하는 '보편성의 계층'으로 구분하기를 고수한다. 반면에 후기의 *Rph*, §203 이하와 §301 이하에서는 노예계층의 존속을 단호히 거부하고, 대신 '농업계층' '영업계층' '보편계층'으로 구분하면서 농업계층과 영업계층에도 간선제로나마 입법참정권을 인정한다.

에서 해방되고, 그에게는 점유와 소유가 최소한 어떤 우연한 것이 된다. 플라톤은 이 두 계층의 구성(Konstitution)을 그 소재에 따라 다음과 같이 규정한다. 용맹하고 훈련된 관습(Sitte)이나 그밖에 덕으로 이끄는 것에 참여하지 못하고 그의 사악하고 폭력적인 본성에 의해 불경(不敬)과 포악과 부정으로 치닫는 자를 통치술은 죽음과 추방과 극도의 멸시를 통해 제압하고 제거하는 한편, 조야함과 비천함 속에 있는 자들은 노예 종족으로 속박시킨다.[29] 또한 아리스토텔레스는 정신에 대한 육체의 관계처럼 그 본성상 자기 자신의 것이 아니라 타인의 것인 자가 이 노예계층에 속한다고 인식한다.[30]

그러나 그 본성상 타인의 것이고 그의 정신을 자기 안에 가지고 있지 않은 자가 절대적으로 독자적인 개체성에 대해 지니는 관계는 그 형식에 따라 이중의 관계가 될 수 있다. 즉 특수자로서의 제1계층에 속한 개인들에 대한 특수자로서의 이 계층[비자유인 계층]에 속한 개인들의 관계이거나 아니면 보편자에 대한 보편자의 관계이다. 앞의 노예 관계(Verhältnis der Sklaverei)는 로마제국 시대에 나타나던 일반성이라는 경험적 현상에서는 저절로 사라졌다. 절대적 인륜성의 상실 속에서 고귀한 계층(edler Stand)[제1계층]의 쇠퇴와 더불어 전에는 특

---

29) Platon, *Politikos*, 308e~309a: "그와 같이 통치술 역시 법으로 정한 모든 교사와 선생을 감독하여 그들이 개입함으로써 그에 합당한 품성을 도야시킬 수 있는 자만을 가르치도록 명령하고 그렇지 않은 자를 가르치는 것은 허락하지 않으며, 용감하고 사려 깊은 품성과 그밖에 덕으로 이끄는 것에 참여할 능력을 갖추지 못하고 악한 본성의 힘에 의해 불경과 포악과 부정으로 치닫는 자는 사형과 징벌을 통해 추방하거나 극도의 멸시를 통해 징계한다. (……) 또한 그 기질이 우둔함과 극히 비천함 속에서 전전하는 자는 노예종족으로 속박시킨다."

30) Aristoteles, *Politik*, 1254a 13 이하: "이것에서 노예의 본성과 능력이 무엇인지가 밝혀진다. 그 본성상 자기 자신이 아니라 타인에게 속하는 자는 천성적으로 노예이다. 타인에게 속하는 자란 인간으로서 소유물인 자, 즉 스스로 존립하면서 행위에 종사하는 자다."

수하던 이 두 계층이 평등하게 되었으며, 자유의 단절과 더불어 필연적으로 노예제도도 단절되었다. 형식적 통일과 평등의 원리가 통용될 수밖에 없게 됨에 따라 계층들 간의 진정한 내적 구별은 무릇 지양되었고, 무엇보다도 위에서 정립된 계층들 간의 구분은 물론이고 이를 통해 조건지어진 계층들 간의 구분의 형식은 더더욱 이루어지지 않았다. 이 〔참된〕 형식에 따르면 계층들 간의 구분이 보편성의 형식 아래 오직 계층 전체에 대한 계층 전체의 관계로서 지배와 의존의 관계 속에 있어서, 이러한 관계 속에서도 관련된 두 계층은 보편자로 남는다. 반면에 노예 관계에서는 특수성의 형식이 이 관계를 규정하는 형식이고, 계층에 대한 계층이 아니라 각 부분들의 그와 같은 통일이 실제적인 관련 속에서 해체되어 있으며, 개별자들이 개별자들에 대해 의존적이다. 보편성과 평등의 원리는 우선 구분 대신에 두 계층의 혼합이 정립되도록 전체를 장악해야만 했다. 형식적 통일의 법칙 아래에서 이렇게 혼합되면서 제1계층은 실은 전적으로 지양되었고 제2계층이 유일한 국민이 되었다. 이같은 변화의 모습을 기번(Gibbon)은 다음과 같은 필치로 묘사한다.

로마인들의 오랜 평화와 단조로운 지배는 제국의 생명력에 완만하고 은밀한 독을 부어넣었다. 사람들의 심성은 차츰 한가지 수준으로 되었고 천부적인 재능의 불길은 꺼졌으며 군인정신도 증발해버렸다. 개인적인 용기는 남아 있었지만 사람들은 더 이상 독립성에 대한 사랑과 국가의 명예에 대한 감각, 위험의 현전(現前), 명령의 습관에 의해 지탱되는 **공적**(公的) 용기를 지니지 않게 되었다. 그들은 군주의 의지에서 법률과 지휘관을 받아들였고, 가장 뛰어난 지도자들의 자손들은 시민과 신하라는 신분에 만족해했다. 더 높은 것을 추구하는 기질이 있는 자들은 황제의 깃발 아래 모여들었으며, 버림

받은 지방들은 정치적 힘이나 통일을 박탈당한 채 부지불식간에 사적(私的) 삶(Privatleben)의 생기 없는 무관심성(Gleichgültigkeit)에 빠져버렸다.[31]

이 일반화된 사적 삶과 더불어 그리고 국민이 단지 제2계층으로만 구성되어 있는 상태에서는 개별존재를 고착시키고 절대적으로 정립하는 형식적 법관계(Rechtsverhältnis)가 직접적으로 현존하게 된다. 또한 이러한 법관계는 그와 같은 타락과 일반적인 쇠퇴로부터 그와 관련된 입법의 완전한 형성을 이루고 발전시켰다. 이런 개별성의 확고함으로 인해 절대적이고 영원한 것이 아니라 전적으로 유한하고 형식적인 것 속에 존재하는 소유와 법의 체계(System von Eigentum und Recht)는 고귀한 계층에게서 분리되고 제거되어 하나의 고유한 계층을 구성할 수 있어야 하며 그 계층 내에서 그 전체적인 길이와 폭이 확장될 수 있어야 한다. 이 체계에 부분적으로는 점유나 계약(Vertrag) 등의 법적 근거에 관한 그 자체가 하위에 있으면서 형식적인 것에 머무르는 문제들이 속하고, 부분적으로는 무릇 플라톤이 이 부류에 든다고 다음과 같이 제시한 것에 대한 입법의 전반적인 끝없는 팽창이 속한다.

사물과 수공업에 관한 개별자의 개별자에 대한 계약 및 명예훼손과 폭행, 재판관의 권한과 임명에 관한 규정의 사법적 대상들. 그리고 시장과 항구에서 관세의 징수와 부과가 필수적인 경우. ──아름답고 훌륭한 사람들에게 이런 일을 하도록 지시하는 것은 합당하지 않다. 신이 이들에게 참으로 인륜적인 헌정(憲政, Verfassung)이라는

---

31) E. Gibbon, *The History of the Decline and Fall of the Roman Empire*, Tourneisen, 1787, Vol. I, 74쪽 이하.

축복을 내렸다면 그들은 이런 일들에 대해 확정해야 할 많은 것들을 스스로 쉽게 찾을 수 있을 것이기 때문이다. 만일 그렇지 않을 경우, 그들은 가장 훌륭한 것을 결국에는 장악하리라고 생각하면서 그와 같은 많은 일들을 확정하고 개선하는 데에 삶을 허비할 것이라는 결론이 나온다. 마치 누군가가 치료법을 조언해주면 이 치료법으로 건강해질 것을 여전히 바라면서도 무절제 때문에 좋지 않은 섭생(攝生)에서 벗어나려 하지 않고 치료제를 통해 더욱 다양하고 더 큰 병을 얻는 것 이외에는 아무런 효과도 보지 못하는 환자처럼 그들은 살아갈 것이다. 앞서 언급한 일들에 관한 법률들을 제정하고, 말하자면 실은 히드라(Hydra)를 자르고 있다는 것을 모르는 채 그 끝에 도달할 것이라고 생각하면서 이를 계속해서 개선하는 사람들도 이에 못지않게 우스꽝스럽다.[32]

자, 이제 국민들 가운데서 늘어나는 방종과 병폐와 더불어 많은 법정이 열리고, 불량한 자와 수공업자들뿐만 아니라 자유로운 교육을 받으며 성장했다고 자부하는 자들조차 뛰어난 의사와 판사가 필요하고 타인이 주인과 재판관으로서 부과한 정의(正義)를 부득이 필요로 해서 법정에서 고발하고 변호하는 것으로 많은 시간을 허비하는 것, 바로 이보다 더 조악하고 부끄러운 훈육(訓育, Zucht)에 대한 뚜렷한 징표가 발견되지 않는다는 것이 사실이라면……[33]

이러한 〔소유와 법의〕 체계가 여기서 동시에 보편적인 상태로 발전하고 자유로운 인륜성이 그와 같은 관계들과 혼합되어 이 관계들과 그

---

32) Platon, *Politeia*, 425c~426a.
33) 같은 책, 404e~405b.

결과들로부터 근원적으로 격리되지 않는 곳에서는 파괴될 수밖에 없다면, 이 체계를 의식적으로 수용하고 그 권리를 인정하여 고귀한 계층에게서 배제하되 그의 영토로서 고유한 계층을 〔형성하도록〕 허용하는 것이 필수적이다. 이 영토 안에서 저 체계는 자신을 확립하고 그 혼란과 또 다른 혼란에 의한 혼란의 지양에서 자신의 완전한 활동성을 발전시킬 수 있을 것이다. 이에 따라 이 계층의 역능은 다음과 같이 규정된다. 즉 이 계층은 점유 일반 속에 그리고 여기서 점유에 관해 가능한 정의(正義) 속에 존재하며, 동시에 이 계층이 하나의 연관된 체계를 구성한다. 또한 점유 관계가 형식적 통일 안으로 수용됨으로써 직접 각 개별자가 그 자체로 점유할 능력을 지니고 있게 되고, 그 때문에 각 개별자는 모두(Alle)에 대항하여 보편자로서 또는 부르주아(bourgeois)라는 의미에서의 시민으로서 행위한다. 〔이 계층은〕 그 구성원들을 사인(私人, Privatleute)으로 만드는 정치적 무능력(politische Nullität)에 대한 대가를 평화와 영업의 성과에서 그리고 개별적인 향유에 관해서건 향유 전체에 관해서건 이 성과를 향유할 수 있는 완벽한 안전에서 찾는다. 그런데 제1계층에 귀속하는 용맹성에서 개별자가 면제되어 자신을 폭력적인 죽음의 위험에 노출시켜야 하는 필연성에서 벗어나 있고 그러한 위험이 개별자에게는 모든 향유, 점유 및 권리의 절대적인 불안정인 한에서, 개별자 각자를 위한 안전은 곧 전체의 문제가 된다. 이와 같은 원칙들의 지양된 혼합〔혼합의 지양〕과 구성되고 의식화된 격리를 통해 각 계층은 자신의 권리를 획득하며, 이는 오직 마땅히 그러해야 할 것이 이루어지는 것이다. 즉 절대적 무차별로서의 인륜성의 실재성 그리고 존속하는 대립 속에서 실제적 관계로서의 인륜성의 실재성이 동시에 성취되어서, 후자는 전자에 의해 제압되고 또 이 제압 자체가 무차별화되어 화해해 있다. 이러한 화해란 바로 필연성에 대한 인식에 있고 인륜성이 자신의 비유기적 자연과 지하(地下)세력

(unterirdische Macht)들에 자신의 한 부분을 양여하고 희생시킴으로써 이들에게 부여한 권리에 있다. 희생의 힘은 비유기적인 것과의 착종에 대한 직관과 객관화에 있는데, 이를 통해 직관은 이러한 착종을 해소시키고 비유기적인 것을 분리시키며 이를 그러한 것으로 인식하고, 이와 더불어 그 자체가 무차별로 수용되기 때문이다. 반면에 생동하는 것은 그가 자신의 한 부분으로 알고 있는 것을 비유기적인 것에 놓아두고 죽음에 희생시킴으로써 비유기적인 것이 지닌 권리를 인정하면서 동시에 그로부터 자신을 정화시킨다.

이는 바로 절대자가 객관성을 향해 영원히 자신을 분만하고 이러한 자신의 형태 속에서 스스로를 고통과 죽음에 양도하고서는 그 재에서 찬란함으로 솟아오른다는, 절대자가 자기 자신과 영원하게 연출하는 인륜 속의 비극(Tragödie im sittlichen)의 상연일 따름이다. 그 형태와 객관성 속에서 신적인 것은 직접적으로 이중적 본성[자연]을 지니고 있으며, 그의 삶은 이 두 자연의 절대적 합일이다. 그러나 이 두 자연 간의 절대적 항쟁의 운동은 이러한 운동 중에 있는 신적인 자연에서는 용맹성으로 서술되었는데, 이 용맹성을 통해 신적인 자연은 항쟁하는 다른 자연의 죽음으로부터 자신을 해방시킨다. 하지만 이와 같은 해방을 통해 그는 자기 자신의 삶을 바치게 된다. 그의 삶은 오직 그 다른 자연의 삶과 결합해서만 존재하기 때문이다. 그러나 그의 삶은 이에 못지않게 다른 자연의 삶으로부터 절대적으로 소생한다. 그것은 제2의 자연(zweite Natur)의[34] 희생인 이러한 죽음 속에서 죽음이 제압

---

34) 여기서 헤겔은 'Natur'를 고전적인 이해에 따라 '자연'과 '본성'이라는 두 가지 의미의 통일체로 파악한다. 물론 자연의 이 두 측면은 이미 「자연법」 논문에서 '물리적 자연'과 '인륜적 자연'으로 구분되었지만, 자연 자체는 스피노자의 자연개념과 마찬가지로 이 두 속성의 무차별적 실체로 파악된다. 헤겔에게서 물리적·육체적 자연과 인간의 본성으로서의 정신 내지 이성 간의 개념적 분리는 예나 중기 이후 정신철학의 발전과 더불어 자연에 대한 정신의

되기 때문이다. 그런데 이 신적인 운동은 그것이 제2의 자연에서 나타나는 바대로는 다음과 같이 서술된다. 즉 한낱 지하의 순수한 부정적 세력이 될 제2의 자연의 순수한 추상이 신적인 자연과 생동하는 합일을 통해 지양된다. 다시 말해 신적인 자연이 제2의 자연 안으로 비쳐들며, 정신 속에서의 이러한 이념적 합일을 통해 신적인 자연은 제2의 자연을 자신과 화해한 그 자신의 생동하는 육체로 만든다. 이러한 육체는 육체로서는 동시에 차별과 무상함 속에 머물면서 정신을 통해 신적인 것을 자신에 낯선 것으로 직관한다. —— 이와 같은 비극을 인륜적인 것을 위해 좀더 자세히 규정한 모습이 차별 속에 있는 법의 세력인 에우메니덴(Eumeniden)과 무차별적 빛의 신인 아폴로(Apollo)가 오레스테스(Orestes)에 대해 인륜적 조직체인 아테네 국민들 앞에서 재판한 결과이다.[35] 아테네 국민들은 인간적인 방식으로는 아레오파고

우위가 체계적으로 확립된 후에 비로소 이루어진다(그러나 자연보다 정신이 우위에 있다는 명제는 이 「자연법」 논문에서도 이미 표명되었다).

또한 후기 *Rph*, §4에서는 정신이 자신의 자유롭고 이성적인 본성에 따라 그 자신으로부터 창출하고 자신을 실현시키는 객관세계라는 포괄적인 의미에서 법체계 전반, 즉 추상법과 도덕성과 인륜성을 모두 포함하는 이성법으로서의 자연법을 '제2의 자연'이라고 규정하는 데 반해, 여기서는 '제2의 자연'이 인륜적 자연에 종속하면서도 신적인 법에 대립해 있는 인간의 법, 즉 실정법으로서의 추상법만을 지칭한다. 따라서 여기서는 제2의 자연으로서의 소유와 권리, 향유와 계약 등과 관련된 법체계의 형성이 근원적이고 무차별적인 자연인 인륜성에 대해 역사적으로는 운명적이지만 원리적으로 부정되어야 할 한낱 차별의 계기로 파악된다. 이로부터 왜 이 시기의 헤겔이 후에 그 자신에 의해 '시민사회'(bürgerliche Gesellschaft)라고 명명되면서 인륜성의 없어서는 안 될 단계이자 구성적 계기로 자리잡게 되는 법과 소유의 체계에 대해 아직까지 아주 부정적인 입장을 취하는지를 알 수 있다.

35) 고대 그리스의 극작가 아이스킬로스(Aeschylos)의 비극 『오레스테이아』(*Oresteia*)에 따르면, 미케네의 왕이자 트로이 전쟁 당시 그리스 연합군의 총지휘관이었던 아가멤논(Agamemnon)의 아들 오레스테스는 아버지를 살해한 자신의 어머니와 그녀의 정부(情夫)를 빛의 신 아폴론의 명령에 따라 죽인다. 그 죄로 오레스테스는 복수의 여신 에우메니덴(로마 신화의 퓨리에Furiae)

스 법정의 심판관으로서 두 세력의 투표함에 같은 수의 표를 넣어 양자의 병존을 인정했지만, 그렇게 함으로써 분쟁을 조정하지 않았고 양자 사이의 관련과 관계를 규정하지 않았다. 그러나 그들은 신적인 방식으로는 도시 아테네의 여신 아테나(Athena)로서 신 자신에 의해 차별 속으로 얽혀들어간 것을 신에게 전부 되돌려주면서 범죄자에 관여된 이 두 세력을 분리시키며 또한 화해하도록 만들었다. 즉 에우메니덴이 아테네 국민들에게 신적인 세력으로서 추앙받으며 이제 자신의 거처를 이 도시 안에 마련해서 성 위의 높은 왕좌에 앉아 있는 아테나와 마주하여 아래 도시에 자신을 위해 건립된 제단을 보는 것을 누림으로써 그녀의 난폭한 본성이 진정되도록 한 것이다.

비극은 인륜적 자연이 비유기적 자연과 착종되지 않기 위해서 자신의 비유기적 자연을 운명적으로 자신에게서 분리하여 자신과 대치시키고 투쟁 속에서 이러한 운명을 인정함으로써 양자의 통일인 신적 존재와 화해하는 것에 있다. 반면에 희극은, 이러한 비유를 계속한다면, 무릇 운명의 부재(Schicksallosigkeit)라는 측면에 빠진다. 즉 절대적 생동성 내에 함몰되어서 한낱 대립의 환영(幻影)이나 인위적인 운명 및 가공의 적과 투쟁하는 놀음만을 묘사하거나 아니면 비생동성 내에 함

의 노여움을 사 쫓기게 되나, 아폴론의 가호로 아레오파고스 법정에서 아테네 시민들의 재판을 받게 된다. 유죄 여부를 묻는 투표 결과가 찬반 같은 수로 나오자, 지혜의 여신이며 도시 아테네의 수호신인 아테나(로마 신화의 미네르바[Minerva])는 의결권을 행사하여 오레스테스를 석방한다. 헤겔은 여기서 아버지의 살해자들이 파괴한 인륜성을 회복하려는 오레스테스의 고난에 찬 행위가 모친살해라는 또 다른 인륜성의 파괴를 초래하게 되었다는 점에서 인륜성 안에 운명적으로 내재하는 비극을, 그리고 인간에 의해서는 단죄될 수도 없고 그렇다고 용서될 수도 없는 한 유한한 존재의 '범죄 없는 죄'에 대해 신적인 지혜는 국가적 정의(아폴론)와 자연적 유대(에우메니덴) 각각이 지닌 인륜적 권리를 인정하고 양자를 병존토록 하면서 비극적 인간을 방면했다는 점에서 비극 속에서 화해의 가능성을 본다.

몰되어서 자립성과 절대성의 한낱 환영만을 묘사한다. 전자가 전통적인 또는 신적(神的)인 희극이고, 후자는 근대적 희극이다. 신적 희극(göttliche Komödie)에는 운명도 없고 진정한 투쟁도 없다. 신적 희극에는 절대자의 실재성에 대한 절대적 확신과 확실성이 아무 대립 없이 존재하며, 이러한 완전한 안정과 평온 안에 그에 대한 대립으로서 운동을 유발하는 것은 진지하지도 않고 아무런 내적 진리도 갖지 않는 대립뿐이기 때문이다. 이같은 대립은 낯설게 외부에 나타나되 절대적 확신 속에 서 있는 신성(神性)에 대항하여 개별화된 자립성에 관한 의식의 잔여(殘餘)나 몽상으로 서술되거나 특질(Eigenheit)에 대한 고정되고 고수되지만 전적인 무기력과 무력함 속에 있는 의식으로 서술된다. 아니면 또한 이 대립은 자기 지각적(自己知覺的, selbstempfunden)이고 내적으로 의식화된 신성으로 서술된다. 이러한 신성은 의식적으로 대립과 유희(Spiel)를 만들어낸다. 이 대립과 유희 속에서 신성은 극히 경솔하게 그의 구성원들 각자로 하여금 특정한 상(賞)을 쟁취하도록 놓아두고, 그의 다양한 측면들과 계기들이 완전한 개체성으로 태어나 고유한 조직체로 형성되도록 만든다. 또한 신성은 무릇 전체로서 자신의 운동을 운명에 대항한 운동이 아닌 우연성들로 간주할 수 있다. 그것도 자기 자신을 무적(無敵)으로 간주하고 손실에 전혀 개의치 않으면서 모든 특질과 이탈에 대한 절대적 지배를 확신하고, 플라톤이 다른 관점에서 국가(Polis)는 놀라울 정도로 강한 본성을 갖고 있다고 말한 것에[36] 대해 자각하면서 그렇게 한다. 그러한 인륜적 조직체는 예컨대 위험이나 불안이나 시기심 없이 개별 구성원들을 제반 예술과 학문과 숙련성에서 재능의 극단(極端)으로 내몰아 이 방면에서 어떤 특별한 자로 만들 것이다. 인륜적 조직체는 이런 신적인 괴물들이 자

---

36) Platon, *Politikos*, 302a.

신의 형태가 지닌 아름다움을 해치지 않으며 그 형태의 한순간을 흥겹게 만드는 희극적인 면모(面貌)라고 자신한다. 특정한 민족을 예로 들자면, 우리는 호머(Homer)나 핀다(Pindar), 아이스킬로스(Aeschylos), 소포클레스(Sophokles), 플라톤, 아리스토파네스(Aristophanes)[37] 등을 그와 같은 개별적인 면모의 흥거운 고양(高揚)으로 볼 수 있을 것이다. 그러나 또한 소크라테스(Sokrates)가 야기한 점점 더 심각해져가는 특수화(Besonderung)에 대한 진지한 반응과 종국에는 이에 대한 후회에서도 그리고 이와 동시에 발아하는 개체화의 급증하는 양(量)과 높은 에너지에서도, 그것이 극단적으로 표출되려는 내적 생동성을 예고하고 이 씨앗들의 성숙에서 그 힘과 또한 이 씨앗을 담고 있는 육체의 죽음이 가까움을 예고했다는 점을 간과할 수 없다. 그리고 이들이 야기하고 이미 전쟁 같은 더욱 심각하고 더욱 광범위한 모습에서 우연성들로서 〔드러내며〕 마찬가지로 경솔하게 자극하고 촉진시킬 수 있었던 그런 대립들을 무릇 더 이상 환영이 아니라 압도적으로 되어가는 운명으로 받아들여야만 했다는 점도 간과할 수 없다.

그러나 다른 한편에는 인륜적 자연이 운명과 투쟁 자체에 사로잡혀 있기 때문에 그 착종에서 운명과 진정한 투쟁을 결여한 또 다른 희극이 있다. 여기에서는 줄거리가 유희적인 대립에서가 아니라 인륜적 충동에는 심각하지만 관객에게는 희극적인 대립에서 뒤엉키고, 이에 대한 구원을 자신이 지속적으로 현혹되고 배척됨을 발견하는 특성과 절대성의 가장(假裝)에서 구한다. 간단히 말하면 인륜적 충동은 (이 희극에서 상연되는 것은 의식화된 절대적인 인륜적 자연이 아니므로) 현존하는 것을 법의 형식적이고 부정적인 절대성으로 변환시켜서 그의 점유가 확고하다고 생각함으로써 불안을 무마하고 조약과 계약 그리고 고

---

37) 모두 고대 그리스의 대표적인 극작가이다.

안할 수 있는 모든 단서(但書)를 동원해 그의 소유물들을 안전하고 확실한 것으로 격상시켜야 하며, 이에 관한 체계를 확실성과 필연성 자체로서의 경험과 이성에서 이끌어내 연역하고 가장 심오한 궤변으로 그 근거를 마련해야 한다. ── 그러나 시인에게서〔시인의 작품에서〕지하의 유령들이 지옥의 황야에 심어놓은 식물들이 다음 폭풍에 말끔히 쓸려버리는 것을 목격하듯이, 인륜적 충동은 경험과 이성에서 이끌어내 입증한 학문들 절반과 그 전체가 다음 차례의 전환이나 심지어는 땅의 정령(Erdengeist)이 발흥함으로써 휩쓸려 떠내려가는 것을 목격할 수밖에 없게 된다. 즉 하나의 법체계가 다른 하나의 법체계에 의해 축출되고, 여기서는 엄격함 대신에 인간애(Humanität)가 또 저기서는 동시에 계약의 안전 대신에 권력 의지가 등장하여, 학문에서나 현실에서나 가장 완벽하게 획득되고 가장 잘 보증된 원칙들과 권리들의 소유가 유린되는 것을 목격하게 된다. ── 그러고는 이러한 소재로 일하다 지쳐서 그와 같은 변화를 야기한 것은 운명 위에서 부유하는 이성과 의지로 실행한 자기 자신의 노력이라고 생각하게 된다. 그렇지 않으면 또한 그러한 변화가 기대하지 않았던 것이고 적절하지 않은 것이라고 격분하면서 처음에는 그와 같은 필연성에 대항하여 제신(諸神)들에게 호소하고 그 다음에는 이 필연성에 순응할 수밖에 없게 된다. 이러한 유한성들 속에서 절대적 무한성을 구하는 인륜적 충동은 이 두 경우 모두 가장 밝은 곳에서 가장 어둡고 정의(正義)와 확실성과 향유 자체의 품 안에 머물고 있다고 생각하는 곳에서 이미 상실과 불법 속에 있는 그의 믿음과 끊임없는 현혹의 소극(笑劇)만을 줄 뿐이다.

희극은 인륜의 두 구역을 서로 분리시켜서 그 각각이 순수하게 독자적인 것이 되도록 허용한다. 즉 그 하나에서는 대립과 유한자가 본질 없는 그림자인 반면, 다른 하나에서는 절대자가 허위가 되도록 만든다. 그러나 그들 간의 참되고 절대적인 관계는 그 하나가 진지하게 다른 하나 속으로 비추고(scheinen) 그 각각이 다른 것과 육화(肉化)된 관련 속에 있으며 그 둘이 서로에게 상호 진지한 운명이라는 것에 있다. 그러므로 이러한 절대적인 관계는 비극에서 제시된다.

왜냐하면 인륜성의 생동하는 형태나 유기적인 총체성에서 그 실제적인 측면을 형성하는 것은 유한 속에 있으므로 비록 그 육체적 존재가 즉자대자적으로 완전하게 인륜성의 신성함 속으로 수용되지는 못할지라도 그것은 이미 그 자체로 인륜성의 절대적 이념을 왜곡해서나마 표현하기 때문이다. 여기서 인륜성은 필연성이라는 자신의 분별된 계기들을 절대적 무한성을 향해 내적으로 통합시키지는 않고 이러한 통일을 단지 모방된 부정적 자립성으로서, 즉 개별자의 자유로서 지닐 뿐이다. 그렇지만 이 실제적 존재는 그래도 절대적인 무차별적 자연 및 인륜성의 형태와 전적으로 결합되어 있다. 실제적 존재가 절대적인 무차별적 자연과 인륜성의 형태를 단지 낯선 것으로서밖에 직관할 수 없을 경우에도 아무튼 그것을 직관하며, 정신 속에서 실제적 존재는 그것과 하나이다. 지극히 순수하고 무차별적인 형태와 인륜적인 절대적 의식(sittliches absolutes Bewußtsein)이 존재한다는 점이 실제적 존재 자신에게도 우선이고, 그가 실제적인 것으로서 인륜적인 절대적 의식에 대해 단지 그것의 경험적 의식이라는 상태에 있다는 점은 별로 중요하지 않은 부차적인 것이다. 이는 마치 절대적인 예술품이 존재한다는 것이 먼저이고, 이 특정한 개별자가 그 작품의 원작자인지 아니면 작품을 단지 바라보며 즐길 뿐인지는 나중의 일인 것과도 같다. 절대적인 것의 실존이 필연적인 만큼이나 또한 그 가운데 일부는 생동하는 정신이자 절대적 의식이며 인륜성 자체의 이념적인 것과 실제적인 것의 절대적 무차별인 반면 다른 일부는 이 정신의 육체적이고 덧없는 영혼이자 그의 경험적 의식이라는 분할 역시 필연적이다. 여기서 경험적 의식은 자신의 절대적 형식과 내적 본질을 완전하게 통합할 수는 없지만 그래도 절대적 직관을 이를테면 자신에게 낯선 것으로서 향유한다. 그리고 이 경험적 의식은 실제적 의식에게는 경외와 신뢰와 복종을 통해 절대적 의식과 하나가 되며, 이념적 의식에게는 종교와 공유하는 신과 그에 대한 예배에서 자신을 절대적 의식과 전적으로 통합시킨다.

그런데 우리가 제1계층의 외적 형식이라고 그 한편에 제시했던 것은 인륜성의 실제적인 절대적 의식이다. 그것은 의식이고, 의식으로서 그 부정적인 측면에 따르면 순수한 무한성과 자유의 극단적인 추상, 즉 자신의 지양으로까지 내모는 제압의 관계 또는 자유로운 폭력적 죽음이다. 반면에 그 긍정적인 측면에 따르면 의식은 개인의 개별성과 특수성이다. 그러나 이러한 그 자체로 부정적인 것은, 즉 앞서 제시된 구별들을 단지 자신의 두 측면으로 가진 의식 일반은 긍정적인 것 안으로 절대적으로 수용되어 있으며, 그의 특수성과 무한성 내지 이념성은 보편적이고 실제적인 것 안으로 완전하게 절대적으로 수용되어 있다. 이러한 합일이 인륜성의 절대적 삶의 이념이다. 신적 자연은 그 영혼과 육체가 영원히 함께 태어난 불멸의 동물이라고 플라톤은 말하는데,[38] 인륜적 조직체 속에서 무한성과 실재성의 이러한 합일 안에서 신적 자연은 자신이 지닌 다양성의 풍부함을 동시에 이념적인 원소라는 극히 단순한 자연으로 되는 무한성과 통일의 최고 에너지 속에서 서술하는 것처럼 보인다. 가장 완벽한 광물(鑛物)은 덩어리에서 분리된 각각의 부분들에서 전체의 본성을 보여주기 때문이다. 그러나 물·불·공기 같은 원소에서는 각각의 특수한 부분이 그 본질에서도 그리고 그 형식 내지 무한성에서도 전체의 완전한 본성이고 대리자인 것과는 달리, 광물의 이념적인 형식은 균열이라는 내적 형식으로서나 결정

---

38) Platon, *Phaidros*, 246c~d.

(結晶)이라는 외적 형식으로서나 이산(離散, Außereinander)이다. 이와 마찬가지로 또한 광물의 실제 형식은 무한성의 진정한 동일성으로 꽉 차 있지 않다. 그것의 감각들은 의식을 가지고 있지 않고, 그것의 빛은 개별적인 색깔이며 보지를 못한다. 또는 그 광물이 진정한 동일성의 무차별이라면 그것에는 동일성이 자신을 관통하는 데 대항하는 제동점(制動點)이 없다. 그것의 목소리는 타자에 의해 울려나올 뿐 자기 자신에게서 나오지 않는다. 그것의 미각은 맛을 느끼지 못하고, 그것의 후각은 냄새를 맡지 못하며, 그것의 무게와 강도는 느끼지 못한다. 광물이 감각 규정의 개별성에 속하지 않고 감각들을 무차별 속에서 통합시키는 경우, 그것은 전개되지 않은 폐쇄된 무차별성이지 자신을 내적으로 분리하고 이 분리를 복속시키는 통일이 아니다. 이는 자신의 모든 부분들 속에서 자기 자신과 동일한 원소들이 한낱 차별들의 가능성이지 그 현실성은 아니며, 무차별을 단지 양(量)의 형식으로 가질 뿐 질적으로 정립된 것의 무차별로서 자신 안에 가지고 있지 않은 것과도 같다. 그러나 유기적이고 개체적인 원소인 흙은 그 형태들의 체계를 통해 시초의 경직성과 개체성에서 출발하여 질적인 것과 차별로 퍼져나가며, 인륜적 자연의 절대적 무차별 속에서만 비로소 모든 부분들의 완전한 동일성으로 그리고 개별자와 절대자의 절대적이고 실제적인 합일로 결집된다. 즉 최초의 에테르(Äther)로 결집된다. 이 에테르는 자기 자신과 동일한 유동적이고 유연한 형식에서 벗어나 개체적인 형성을 통해 자신의 순수한 양(量)을 개별성과 수(數)로 분산시킨다. 그리고 그 수가 순수한 통일과 무한성으로 정화되어 지성(Intelligenz)이 되는 것을 통해, 그래서 — 한 선인(先人)[아리스토텔레스]이 말한 것처럼, 절대적 개념은 자기 자신의 절대적이고 직접적인 반대이며, 그 무엇(Etwas)인 것 못지않게 무(無)이므로[39] — 부정적인 것이 절대적으로 부정적으로 됨으로써 긍정적으로 절대적인 것과 완전히 하

나가 될 수 있다는 것을 통해 에테르는 이러한 절대적으로 거칠고 반역적인 체계를 완전히 제압한다. 그리고 지성 속에서는 형식 내지 이념적인 것이 절대적 형식이고 또한 그러한 것으로서 실제적이며, 절대적 인륜성 속에서는 절대적 형식이 절대적 실체와 가장 참되게 결합되어 있다. 순수한 에테르로서의 실재성 속에서 단순한 실체 그리고 절대적 무한성과의 화혼(華婚)으로서의 실체 사이에 놓여 있는 형성의 개체성들 가운데 그 어느 것도 전체와 부분들의 양적이고 기초적인 동일성을 통해서건 혹은 더 고차의 형성에서는 더욱 더 개별적인 것으로 나아가는 부분들의 개체화를 통해서건 그 형식과 질적 통일을 인륜성 속에 존재하는 본질과 실체와의 절대적 무차별로 이끌지 못한다. 또한 동시에 그중 어느 것도 식물의 잎이나 성(性), 동물의 무리 지은 삶과 협업(協業)의 사회성을 통해 이 둘을 전체를 향해 형식적으로 통합하는 것을 인륜성 속에 존재하는 본질과 실체와의 절대적 무차별로 이끌지 못한다. 이는 오직 지성 속에서만 개체화가 절대적 극단(極端)으로, 즉 절대적 개념으로 밀고 나가고, 오직 지성 속에서만 부정적인 것이 자기 자신의 무매개적 반대라는 절대적으로 부정적인 것으로까지 밀고 나가기 때문이다. 그러므로 오직 지성만이 절대적 개별성이기에 절대적 보편성일 수 있고, 절대적 부정이자 주관성이기에 절대적 긍정이자 객관성일 수 있으며, 절대적 차별과 무한성이기에 절대적 무차별과 ─ 현실적으로는(actu) 모든 대립들의 전개 속에서의, 가능적으로는(potentia) 그들의 절대적인 파괴태와 합일 속에서의 ─ 총체성, 즉 실재성과 이념성의 최고의 동일성이 될 수 있는 능력을 지니고 있다. 에테르는 빛의 무차별들(Lichtindifferenzen) 속에서 자신의 절대적

---

39) Aristoteles, *Metaphysik*, 985b 8: "그래서 레우키포스(Leukippos)와 데모크리토스(Demokritos)는 견고한 것이 빈 것보다 더욱 존재하지는 않으므로 존재하는 것이 존재하지 않는 것보다 더욱 존재하는 것은 아니라고 말한다."

무차별을 다양성으로 흩뿌리고 항성계(恒星系)들의 꽃〔항성〕들 속에서 자신의 내적 이성과 총체성을 낳아 팽창시킨다. 그러나 이 빛개체(Lichtindividuum)〔항성〕들이 다수성으로 분산되어 있고 항성들의 원운동하는 잎을 형성하는 것〔행성(行星)〕들은 항성에 대해 굳은 개체성의 상태에 있다. 그래서 항성들의 통일은 보편성의 형식을 결여하고 있고 행성들의 통일은 순수한 통일을 결여하고 있으며, 그중 어느 것도 절대적 개념 자체를 자신 안에 담지하고 있지 못하다. 반면에 인류성의 체계 속에서는 천체의 펼쳐진 꽃이 결집되고 절대적 개체들이 보편성으로 완전하게 서로 하나가 되며, 실재성 내지 육체는 영혼과 최고도로 하나이다. 이는 육체의 실제적 다수성 자체가 바로 추상적 이념성이고 절대적 개념들은 순수한 개체들일 따름이며, 이를 통해 개체들 자체가 절대적 체계일 수 있기 때문이다. 그러므로 절대적인 것이란 그가 자신을 직관한다는 것, 그것도 자기 자신으로서 직관한다는 것이고 저 절대적 직관과 이 자기인식, 저 무한한 팽창과 이 무한한 팽창의 자기 안으로의 무한한 환수(還收)가 전적으로 하나라는 것이다. 그렇다면 이 둘이 속성으로서 실제적일 경우, 정신은 자연보다 우월하다. 왜냐하면 자연은 절대적 자기직관(absolutes Selbstanschauen)이고 무한하게 차별화된 매개(Vermittlung)와 전개의 현실성인 반면, 자기 자신으로서의 자신에 대한 직관 내지 절대적 인식인 정신은 우주를 자기 자신 안으로 환수하면서 그가 포괄하는 이러한 다수성의 분산된 총체성이고 또한 다수성의 절대적 이념성이어서, 이러한 이념성 속에서 정신은 그와 같은 분산을 무화(無化)시키고 무한한 개념의 무매개적 통일점(unvermittelter Einheitspunkt)인 자신 안에서 반성하기 때문이다.[40]

---

40) 여기까지가 *Kritisches Journal der Philosophie*, 제2권 제2부(1802년 11/12월 간

이제 절대적 인륜성의 본성에 관한 이러한 이념에서부터 아직 논의되어야 할 관계인 실제적인 절대적 인륜성에 대한 개인의 인륜성의 관계 그리고 인륜성에 관한 학문들, 즉 도덕과 자연법에 관한 학문들 간의 관계가 도출된다. 즉 실제적인 절대적 인륜성은 무한성 또는 절대적 개념 내지 순수한 개별성을 전적으로 그리고 극도의 추상 속에서 자기 안에 통합하여 포함하고 있으므로, 실제적인 절대적 인륜성은 직접 개별자의 인륜성이며 또 역으로 개별자의 인륜성의 본질은 전적으로 실제적이고 따라서 보편적인 절대적 인륜성이다. 개별자의 인륜성은 체계 전체의 맥박이자 그 자체가 전체 체계이다. 여기서 우리는 앞서 제시된 것에서 또한 다음과 같은 통상 배척받는 말이 암시하는 것이 완전하게 정당화됨을 감지한다. 즉 절대적 인륜성의 본성 안에 그것이 보편적인 것 또는 관습(Sitte)이라는 점이 있고, 따라서 인륜성 (Sittlichkeit)을 표현하는 그리스어와 독일어의 단어가 인륜성의 본성을 훌륭하게 표현한다는 것이다. 그런데 인륜성에 관한 최근의 체계들은 대자존재와 개별성을 그 원리로 삼기 때문에 그들 역시 이와 같은 단어들과 연관이 있음을 제시하려고 진력하지 않을 수 없다. 또한 그들이 다루는 사태를 표시하는 데 이 체계들이 인륜성이란 단어를 오용하지 못하고 도덕성(Moralität)이란 단어를 받아들일 만큼 이러한 내적 암시는 강력한 것으로 밝혀진다. 도덕성이란 단어는 비록 그 어원상으로는 같은 것을 지칭하지만 최근에야 비로소 만들어진 단어이기 때문에 오히려 더 열악한 그 의미에 대해서 그렇게까지 직접적으로 거부감을 일으키지는 않는다.[41]

행)에 수록된 부분이고, 이하는 같은 책, 제2권 제3부(1803년 5/6월 간행)에 수록되었다.

41) 인륜성을 뜻하는 독일어 'Sittlichkeit'가 관습·습관·예절 등을 뜻하는 'Sitte'에서 유래했듯이, 윤리로 번역되는 그리스어 'ἠθικὰ'(ethika) 역시 풍

그러나 지금까지 서술한 것에 따르면 절대적 인륜성은 본질적으로 모두의 인륜성이어서, 그에 관해 그것이 절대적 인륜성으로서 개별자에게서 모사(模寫)된다고 말할 수는 없다. 자연을 가득 채우는 에테르가 자연의 형태들이 지닌 분리될 수 없는 본질이고 자연의 현상하는 형식들의 이념성으로서, 즉 공간으로서 그 어느 형식 속에서도 결코 자신을 특수화하지 않는 만큼이나, 절대적 인륜성은 개별자의 본질이기 때문이다. 결정체의 본성의 외적 형식을 표현하는 선과 모서리들이 그 결정체에 대해 부정(否定)들이듯이, 인륜성은 그것이 개별자 그 자체에서 표현되는 한에서는 부정적인 것이다. 절대적 인륜성이 개별자의 영혼이 아니라면 그것은 무엇보다도 개별자 속에서 자신을 표현할 수 없으며, 절대적 인륜성이 보편적인 것이고 민족의 순수한 정신인 한에서만 그것은 개별자의 영혼이다. 긍정적인 것은 본성상 부정적인 것보다 먼저이다. 또는, 아리스토텔레스가 말하듯이, 민족은 본성상 개별자보다 먼저이다. 격리되어 있는 개별자가 자립적인 것이 아니라면, 그는 모든 부분들과 마찬가지로 전체와 하나의 통일 속에 있어야만 하기 때문이다. 그런데 공동체적일 수 없는 자나 혹은 그 자립성 때문에 아무것도 필요로 하지 않는 자는 민족의 한 부분이 아니라 짐승이

습·관습·거주지(居住地) 등을 뜻하는 'ἦθος'(ethos) 내지 'ἔθος'(ethos)에서 파생되었다. 이같은 어원에서 전통적 의미의 윤리는 사회의 관습이나 전통과 밀접한 연관이 있었음을 알 수 있다. 도덕성을 뜻하는 'Moralität' 역시 실은 관습습관 등의 뜻을 지닌 라틴어 'mos'에서 파생되었다. 그러나 특히 칸트에 의해서 도덕성의 개념이 이성적 주체의 반성적 자기입법이라는 근대적 의미로 정립되면서 한편으로는 관습과는 구분되는 주체적 자율성이라는 도덕의 고유한 영역이 확보되었지만, 다른 한편으로는 도덕적 입법의 전(前)반성적 조건인 사회적 삶의 지평과 단절된 채 개별적 주관의 의지의 문제로 축소되는 결과를 가져왔다. 헤겔은 여기서 이러한 개인주의와 주관주의를 비판하면서 전통적 의미의 인륜성을 근대적 의미의 도덕성보다 더 높은 차원의 보편적으로 공유된 규범체계로서 복원하고자 한다.

거나 신이다.[42] 그리하여 절대적 인륜성이 개별자 그 자체 속에서 자신을 표현하는 한, 그것은 부정의 형식 아래 정립되어 있다. 즉 절대적 인륜성은 보편정신의 가능성이다. 그리고 용기·절제·검소·관후(寬厚) 등과 같은 개별자에 속하는 인륜적 특성들은 개별자의 특수성 속에서 개별성이 진정 고착되지 않고 실제적인 추상이 이루어진다는 부정적 인륜성이며, 보편적 인륜성 속에 존재할 수 있다는 가능성 내지 능력이다. 그 자체로는 가능성이고 부정적인 의미를 지니고 있는 이러한 덕들이 바로 도덕의 대상이다. 이와 같은 방식으로 자연법과 도덕의 관계가〔근대적 실천철학에서와는 반대로〕전도되어 있다는 점을 알 수 있다. 즉 도덕에는 단지 그 자체가 부정적인 것의 영역이 귀속되는 반면, 자연법에는 참으로 긍정적인 것, 즉 그 명칭상 자연법은 인륜적 자연이 어떻게 그 진정한 법에 도달하는지를 구성해야 한다는 것이 귀속된다. 반면에 만일 부정적인 것이나 그와 같은 외면성, 형식적 도덕법칙, 순수의지, 개별자의 의지 같은 추상 그리고 강제, 보편적 자유의 개념에 의한 개별자의 자유의 제한과 같은 이러한 추상들의 종합 등등이 자연법의 규정을 표현하는 것이라면, 이러한 부정들을 실재성들로서 기초로 놓을 때 인륜적 자연이 극도의 부패와 불행에 빠짐으로써 그것은 자연불법(Naturunrecht)이 되고 말 것이다.

이러한 특성들은 부정적인 것으로서의 개별자 속에서 절대적 인륜성의 반영, 그러나 보편자 및 전체와의 절대적 무차별 속에 있는 개별자 속에서 절대적 인륜성의 반영이고, 따라서 그 순수한 의식 속에

---

42) Aristoteles, *Politik*, 1253a 25~29: "그러므로 국가는 자연에서 유래하며 개별자보다 더 근원적이라는 점은 명백하다. 즉 개별자가 혼자서는 자족적으로 살아갈 수 없는 한, 그는 전체에 대해 부분과 같은 상태에 있다. 그런데 공동체 속에서 살 수 없거나 자족적이기 때문에 공동체를 필요로 하지 않는 자는 국가의 일부분이 아니라 야수이거나 신이다."

서의 절대적 인륜성의 반영이다. 그러나 또한 그 경험적 의식 속에서의 절대적 인륜성의 반영 역시 현존해야 하며, 그러한 반영이 — 확립된 실재성 속에, 즉 점유와 소유 속에 존재하며, 용맹성에서 벗어나 있는 — 제2계층의 인륜적 본성을 구성해야 한다. 절대적 인륜성의 이러한 반영이 바로 도덕성의 통상적인 의미에 어느 정도 부합하는 것이다. 즉 그것은 관계가 지닌 규정들의 **형식적인 무차별화의 정립**(Indifferentsetzen)이며, 따라서 **부르주아** 또는 사인(私人)의 인륜성이다. 이들에게는 관계들의 차별이 확고하며, 이들은 관계들에 의존해 있고 이 관계들 속에 존재한다. 이에 따라 그러한 도덕성에 관한 학문은 우선은 이 관계들 자체에 대한 지식이다. 그래서 이와 같은 학문은 그 절대적인 고착으로 인해 한낱 형식적일 수밖에 없으므로 이 관계들이 인륜과의 관련 속에서 고찰되는 한 바로 위에서 언급한 다음과 같은 동어반복의 진술이 여기에 자리잡게 된다. "이 관계는 단지 이 관계일 뿐이다. 당신이 이 관계 속에 있다면, 당신은 그렇게 이 관계와의 관련 속에서 이 관계 속에 있는 것이다. 만일 당신이 이 관계와 관련된 행위 중에서 이 관계와 관련 없이 행위한다면, 당신은 이 관계를 파괴하고 지양하는 것이다." 이러한 동어반복이 지닌 참된 의미는 동시에 이 관계 자체가 아무런 절대적인 것이 아니며, 따라서 이를 지향하는 도덕성 역시 어떤 의존적인 것이고 참으로 인륜적인 것은 아니라는 점을 직접 내포한다. 이러한 참된 의미는 위에서 본 것에 따라 단지 개념의 형식, 즉 분석적 통일만이 절대적인 것이고, 따라서 규정된 것으로서 형식에 모순되는 내용으로 인해 부정적으로 절대적인 것이라는 점에서부터 도출된다.

그러나 그 안에서 특수한 것 또는 부정적인 것이 무차별 속으로 순수하게 수용되어 나타나서 참으로 인륜적인 [개인의 도덕적] 특성들은 인륜적 특성이라고 부를 수 있다. 그리고 그것이 더 높은 에너지 속에서 자신을 다시 개체화하되, 말하자면 절대적 인륜성 내에서 생동하는 고유한 형태들이 될 때에만 덕이라고 부를 수 있다. 에파미논다스(Epaminondas)나 한니발(Hannibal), 카이사르(Cäsar), 그밖의 몇몇 사람의 덕이 바로 그러하다.[43] 그와 같은 에너지로서의 이 특성들은 형태들이며, 따라서 다른 유기적 형성체들의 형태들이 그렇듯이 그 자체로는 절대적이지 않고 다만 전체의 이념이 지닌 한 측면을 더 강하게 표출할 것이다. 그러므로 덕들의 도덕 또는 — 도덕성의 도덕 일반을 규정하려고 하고 덕을 서술하는 데 윤리(Ethik)라는 명칭을 택한다면 — 윤리는 단지 덕들의 박물지(博物誌, Naturbeschreibung)가 될 수밖에 없다.

　도덕이 주관적인 것 또는 부정적인 것과 관련되어 있듯이, 부정적인 것은 무릇 차별의 존속과 차별의 결여로 구분되어야 한다. 앞의 부정적인 것이 앞서 논의되었던 것이다. 그런데 또 다른 부정적인 것인 차별의 결여는 총체성을 그 안에서는 운동과 무한성이 실제적으로 존재하지 않는 감추어지고 전개되지 않은 것으로 보여준다. 부정적인 것의 이러한 형식 아래서 생동하는 것이 인륜성의 **생성**이며, **교육**은 그 규정상 부정적인 것 내지 주관적인 것의 전진적인 지양, 그렇게 나타나는 지양 행위이다. 어린이는 인륜적인 개인이 될 수 있는 가능성의 형식으로서 주관적인 것 내지 부정적인 것인데, 어린이가 어른스러워진다는 것은 그러한 형식이 중지되는 것이고 어린이를 교육시킨다는 것은 그러한 형식의 훈육(訓育) 내지 제압이기 때문이다. 그러나 긍정적인 것이자 본질은 어린이가 보편적 인륜성의 젖을 빨고, 처음에는 낯선 본질로서 보편적 인륜성에 대한 절대적 직관 속에서 살다가 이 보편적 인륜성을 점점 더 파악해서 보편적 정신으로 이행하는 것이다. 이것에

---

43) 각각 고대 그리스 테베, 카르타고, 로마제국의 유명한 장군 겸 정치가이다.

서 교육을 통한 인륜성의 생성 못지않게 저러한 덕들이나 절대적 인륜성이 특이하고 분리된 인륜성을 얻으려는 노력이 아니라는 점과 특이한 긍정적 인륜성을 얻으려는 기도는 헛되고 그 자체가 불가능한 것이라는 점이 저절로 밝혀진다. 또한 인륜성과 관련해서는 인륜적이란 바로 자기 나라의 관습에 맞게 사는 것이라는 고대의 현자들의 말이, 그리고 교육과 관련해서는 "무엇이 나의 아들을 위한 가장 좋은 교육이겠습니까?"라는 질문에 대해 피타고라스학파의 한 사람이 "당신이 그를 제대로 세워진 민족의 시민으로 만들 때요"라고 대답한 것만이 진실한 것이라는 점이 밝혀진다.[44]

절대적 인륜은 이렇게 개인들에게서 자신의 고유한 유기적 육체를 가지며, 그 운동과 생동성은 모든 사람의 공동의 존재와 행동 속에서 절대적으로 동일하게 보편적인 것이자 동시에 특수한 것으로서 존재한다. 그리고 우리는 절대적 인륜을 방금 그렇게 그 특수성에서, 그러나 이 특수성의 본질이 절대적으로 동일한 것이 되도록 하여 무릇 그와 같은 동일성 속에서 고찰했다. 그렇다면 절대적 인륜은 또한 **보편성**의 형식과 인식 속에서 **입법**의 체계로 제시되어야 한다. 그래서 이 체계가 실재성 내지 현존하는 생동하는 관습을 완전하게 표현하도록 해서, 자주 그러하듯 한 민족에서 올바르고 현실적인 것이 그 민족의 법률 속에서 인식되지 못하는 사태가 발생하지 않도록 해야 한다. 참된 관습을 법률의 형식으로 이끌지 못하는 미숙함 그리고 이 관습을 사유하여 자신의 것으로 간주하고 인정하는 것에 대한 불안은 야만성의 징표이다. 그러나 관습의 이러한 동일성과 법률에서의 그 보편성의 형식은 그것이 동일성으로서 존립하는 한 또한 동시에 특수성의 형식과 다시

---

44) 피타고라스학파 사람인 크세노필로스(Xenophilos)의 말이다. Diogenes Laertii, *Vita et moribus philosophorum*, VIII, 16 참조.

완전하게 통합되어야 한다. 그래서 이념성 그 자체가 순수한 절대적 형태를 획득해서 민족의 신으로서 직관되고 숭배되어야 하며, 이러한 직관 자체는 다시 예배 속에서 활기와 기쁨에 넘치는 운동성을 지녀야 한다.

[IV]

이렇게 해서 우리는 절대적 인륜성을 그 총체성의 계기들 속에서 서술하면서 그 이념을 구성했다. 또한 그와 관련하여 합법성과 도덕성 간의 지배적인 구분을 이와 연관된 형식적 실천이성의 보편적 자유라는 추상들과 더불어 본질 없는 사념물이라고 〔폭로하며〕 파괴했다. 그리고는 자연법과 도덕에 관한 학문 간의 구별을 이를테면 합법성과 도덕성이라는 두 원칙의 혼합을 통해서가 아니라 그것들의 지양과 절대적인 인륜적 동일성의 구성을 통해 절대 이념에 따라 규정했다. 그 다음에는 절대적 인륜성의 본질은 추상이 아니라 인륜의 생동성이고, 그것의 구별은 단지 외적이고 부정적인 것에 관련될 뿐이며, 동시에 이러한 구별은 그와 다른 〔형식주의의〕 구별과는 완전히 역(逆)의 관계라는 점을 확인했다. 이 〔형식주의의〕 구별에 따르면 자연법에는 형식적이고 부정적인 것이 본질로 부여되는 반면, 도덕에는 절대적이고 긍정적인 것이 부여되어야 한다. 그러나 이 절대적이라는 것조차도 실은 그에 못지않게 형식적이고 부정적인 것이며, 여기서 형식적이고 부정적인 것이라고 부르는 것은 결국 전혀 아무것도 아니다.

이제 **실증법학에 대한 자연법의 관계**를 제시하기 위해서는 단지 우리가 이 관계를 더 이상 추적하지 않았던 그 지점에서 논의의 실마리를 잇고 그것이 뻗어나가는 위치를 표시하기만 하면 된다.

먼저 우리는 무릇 철학이 하나의 규정 내지 하나의 역능 개념이 지닌 보편성을 통해 자신의 제한을 임의로 어느 한 특수학문과의 관계 속에 삽입한다는 점에 주목해야겠다. 특수학문이란 바로 철학이 발전시키지 않고 단순한 규정으로 놓아둔 것이 어떻게 다시 가지를 치고 그 자체가 총체성이 되는지에 관한 전진적인 (고차적인 의미로 받아들인) 서술과 분석일 따름이다. 그런데 그러한 발전 가능성은 **형식적으로**는 그에 따라서 어느 한 규정이 더욱 명확하게 인식되고 발전되어야 하는 절대적 형식과 총체성의 법칙이 이념 속에 직접 존재한다는 점에 있다. 반면에 그 **실제적인** 가능성은 철학이 발전시키지 않은 그러한 규정 내지 역능이 추상이거나 정말로 단순한 원자(原子)가 아니라 철학 안에 있는 모든 것과 마찬가지로 실재이며, 실재가 실재인 것은 그것이 총체성이고 그 자체가 역능들의 체계이기 때문이라는 점을 통해 현존한다. 역능을 그와 같은 것으로 서술하는 것이 특수학문에 속하는 발전이다.

이로부터 실증법학이라고 부르는 것의 상당 부분, 어쩌면 그 전체가 완전하게 발전되고 확장된 철학에 속할 것이고, 실증법학이 자신을 고유한 학문으로 구성한다는 이유로 철학에서 배제되지도 않고 또 철학과 대립해 있지도 않다고 잠정적으로 이야기할 수 있으리라는 결론이 나온다. 이 학문들의 집단이 독자적인 것이 되고 경험적으로 구분된다고 해서 이를 통해 철학으로부터의 진정한 구분이 정립되어 있는 것은 아니다. 이 학문들이 자신을 부분적으로는 현실 세계에서 적용성을 지니고 있으며 자신의 법칙과 처리방식을 상식적인 표상방식에 대해서도 통용시키고자 하는 경험적 학문이라고 자칭하고 또 부분적으로는 기존의 헌정과 입법의 개별적인 체계들과 관련을 맺고 있으며 특정한 민족 및 특정한 시대에 속해 있는 경험적 학문이라고 자칭하는 것은 이 학문들을 철학에서 필연적으로 배제하는 어떠한 구별도 규정하지 않는다. 철학에서 기인하는 것보다 더 현실에 적용 가능한 것은 없고, 그것만큼 보편적인(allgemein) 표상방식에 대해, 다시 말해 —통상적인(gemein) 표상방식에는 극히 개별적인(partikulär) 표상방식도 있으므로 [이러한 통상적인 표상방식이 아닌] —참으로 보편적인 표상방식에 대해 정당화되어 있는 것이란 없으며, 또한 그것만큼 개체적이고 생동하고 존속할 수 있는 것도 없기 때문이다. 철학에 대해 이런 학문들이 갖는 관계를 논하기 위해서는 먼저 이들을 실증학문(positive Wissenschaft)으로 만드는 구별이 확립되고 규정되어야 한다.

우선 실증학문들은 단지 역사적인 것만이 아니라 또한 개념이나 원칙, 관계들 그리고 그 자체가 이성에 속하고 내적 진리와 필연성을 표현하는 수많은 것들 전반을 자신이 관련을 맺고 있다고 내세우는 현실로 파악한다. 이러한 것들에 대해 현실과 경험을 증거로 끌어들이고 그것을 철학에 대항하여 실증적인 것(ein positives)이라고 고집하는 것은 그 자체로 결코 허용될 수 없다는 점을 인식해야 한다. 실제적인 것이 아니라고 철학이 입증한 것이 정말로 경험에 등장한다는 것은 불가능하다. 그리고 실증학문이 현실과 경험을 증거로 끌어들인다면, 철학도 마찬가지로 실증학문이 주장하는 개념의 비실재성에 대한 입증을 경험적 관련에 따라 진술할 수 있으며, 실증학문이 경험과 현실 속에서 발견했다고 내세우는 것들이 실제로는 경험과 현실 속에서 발견되지 않는다고 부인할 수도 있다. 물론 철학은 그와 같은 것을 경험한다는 억견 내지 우연한 주관적 견해를 인정한다. 그러나 실증학문이 자신이 내놓은 표상들과 기본개념들을 경험 속에서 발견하여 제시했다고 내세울 때, 실증학문은 이를 통해 어떤 실제적이고 필연적이며 객관적인 것을 주장하려고 하는 것이지 단지 하나의 주관적인 견해를 주장하려는 것은 아니다. 어떤 것이 주관적인 견해인가 아니면 객관적인 표상인가, 억견인가 아니면 진리인가는 오직 철학만이 결말을 지을 수 있다. 철학은 **인신공격식으로**(ad hominem) 실증학문에 실증학문 자신의 방식대로 앙갚음하여 실증학문이 내세우는 표상이 경험 속에 등장한다는 사실을 부인하는 방식 이외에도 거꾸로 철학이 제시하는 표상만이 경험 속에서 발견될 수 있다는 주장을 할 수 있다. 철학이 자신이 주장하는 표상을 경험 속에서 제시할 수 있다는 점에 대한 근거는 경험이라고 부르는 것이 지닌 다의적 의미의 본성에 직접 놓여 있다. 경험으로 간주되는 것은 직접적 직관 자체가 아니라 지성적인 것으로 고양되어 사유되고 설명되고 직접적 직관의 개별성에서 벗어나 필연성이라고 언표된 직관이기 때문이다. 따라서 경험에서 그리고 경험으로서 제시되는 것에서 관건이 되는 점은 사유를 통해 직관으로 이끌어지는 분리와 관련하여 우리가 현실이라고 부를 수 있는 그런 경험 속의 것이 아니다. 그런데 직관이 사고의 장(場) 안으로 끌어들여지면 억견은 철학의 진리에 굴복할 수밖에 없게 된다. 〔한편으로〕실증학문이 직관에서 직접 얻었다고 생각하지만 실은 실증학문 자체가 자신의 관계와 학문을 통해 〔사유 속에서〕 직관을 규정했던 것과 〔다른 한편〕 사유에 속하지 않는 것 사이의 그와 같은 구분은 이제 어떤 경우이건 매우 수월하게 제시될 수 있으며, 따라서 철학이 억견을 장악할 완전한 권한이 입증될 수 있다. 자신의 억견 속에서 현실을 증거로 끌어들이는 사유는 그것이 대립 속에 있고 규정성들을 고수하여 사념물이나 상상물들을 절대적인 것으로 간주하면서 그것에서 자신의 원칙들을 얻는다는 점을 통해서 정말로 실증적인 것이 되곤 한다. 그렇기 때문에 그러한 사유는 각각의 모든 규정에서 항상 그에 대립된 규정이 그 자신에 입증되고 그것이 가정하는 것으로부터 오히려 바로 그 반대가 도출되는 것에 내맡겨져 있다. 이는 마치 어느 한 물체의 밀도나 특정한 무게의 증가를 인력(引力)의 증가로 설명할 경우, 그것이 그에 못지

않게 척력(斥力)의 증가로도 설명될 수 있는 것과 마찬가지이다. 〔물체들은 서로〕되밀쳐지는 만큼만 끌어당기기 때문이다. 그 하나는 다른 하나와 관련될 때에만 의미를 지닌다. 그 하나가 다른 하나보다 크면 클수록 그만큼 그것은 아무것도 아니게 될 것이다. 따라서 어느 하나의 증가로 간주되어야 하는 것은 또한 바로 그 반대되는 것의 증가로 간주될 수 있다.

그러므로 자연법 일반이나 특히 형벌론에서 어느 한 관계가 강제라고 규정될 때 철학은 이 개념의 무가치함을 입증하는 반면 실증학문은 그래도 강제는 정말 어떤 실제적인 것이며 강제가 정말로 행해진다고 경험과 현실을 일깨울 경우, 철학에 의해 입증된 강제의 비실재성은 똑같은 권리로 경험과 현실을 증거로 끌어들여 강제란 없으며 어느 누구도 강제되지도 않고 강제된 적도 없다고 표현될 수 있다. 왜냐하면 여기서 관건은 오로지 그 무엇이 강제를 표상하는 데 한낱 외적인 것으로 고찰되는가 아니면 내적인 것으로 고찰되는가 하는 현상의 설명이기 때문이다. 따라서 강제의 실존을 증명하고자 하는 어디에서건 바로 그 현상에 대해 반대되는 것, 즉 그것은 강제가 아니라 오히려 자유의 표현(Äußerung der Freiheit)이라는 점이 제시될 수 있다. 그 현상이 표상의 형식으로 수용되어 내적이고 이념적인 것에 의해 규정됨으로써 주체는 그 현상에 대해 자유롭게 되기 때문이다. 또한 내적인 것 내지 자유와의 대립을 제거하기 위하여 외적인 것과 강제로 간주되어야 할 것을 내적인 것 자체로 전이시켜서 심리적 강제를 주장한다면, 이와 같이 외적인 것을 내적인 것 안으로 수용하는 것도 별 도움이 되지 않는다. 사고는 전적으로 자유롭게 남아 있으며, 심리적 강제나 사상의 강제(Gedankenzwang)가 사고를 구속하지 못하기 때문이다. 강제의 구실을 할 표상된 규정을 지양할 수 있는 가능성은 절대적이다. 처벌에 의해 위협을 받는 규정의 상실을 감수하고 법률이 처벌을 통해 박탈하려는 것을 내어주는 것은 전적으로 가능하다. 따라서 현상을 설명하는 데 어느 한 규정에 대한 표상이 강제로서 작용하거나 작용했다면, 마찬가지로 그 현상은 자유의 표현이라는 그 반대의 설명도 전적으로 가능하다. 그것이 어떤 행위로 고무시키는 것이건 아니면 법률 편에서 그 행위로부터 위하(威嚇)하는 것이건 간에, 감각적 동인 (動因)은 어떤 심리적인 것, 즉 내적인 것이라는 점 때문에 그것을 사상(捨象)시키거나 그렇지 않을 수도 있었다는 자유 속에 직접 정립되어 있으며, 그 하나는 다른 하나와 마찬가지로 의지의 자유(Freiheit des Willens)이다. 이에 대해 그래도 〔외적〕 강제와 심리적 강제가 수행된다고 사람들이 생각하고 있고 그것이 보편적인 표상방식이라고 고집한다면, 이는 우선 참이 아니다. 사람들은 그에 못지않게 의심할 여지 없이 더 일반적으로 어느 한 행위의 이행이나 불이행은 자유의지에서 비롯된다고 생각하고 있다. 그리고 원칙과 법률의 규정을 수립하는 데는 억견에 관심을 둘 필요가 없다. 이는 천문학자가 천체의 법칙을 인식하는 데 태양과 행성과 모든 별들은 지구 주위를 돌고 그것이 보이는 바로 그만큼의 크기라는 등의 억견에 구애받지 않는 것과 마찬가지이고, 또 선장이 배는 정지해 있고 해안이 멀어진다는 억견에 관심을 두지 않는 것과 마찬가지이다. 만일 이 두 사람이 억견에 의존한다면, 천문학자는 태양계를 파악하는 것이 불가능하다고 여길 것이고, 선장은 노 젓는 사람들이 일하기를 멈추게 하거나 돛을 거두어들이도록 할 것이며, 두 사람 다 곧 자신의 목적을 이루는 것이 불가능하게 되는 처지에 놓이게 될 것이다. 그래서 처음에는 억견에 실재성을 인정하려고 했듯이 이제는 억견의 비실재성을 직접 깨닫게 될 것이다. 마치 위에서 본 것과 같이 강제가 실재성으로 사유되면, 즉 그것이 하나의 체계와 총체성 속에서 표상되면, 그 자신과 전체를 직접 지양하게 되는 것처럼 말이다.

실증학문의 억견이 고수하는 하나의 규정은 곧 자기 자신의 반대이기 때문에, 대립된 규정들 가운데 각각 그 하나를 고집하는 양측이 다른 측을 반박하는 것은 똑같이 가능하다. 이러한 반박의 가능성은 각 규정이 자신에 대립된 규정과 관련이 없이는 전혀 사유될 수도 없고 아무것도 아니라는 점이 제시된다는 데 있다. 그런데 그 규정이 그와 대립된 규정과 관련될 때에만 존재하며 의미를 지닌다는 것을 통해 직접적으로 이 대립된 규정도 마찬가지로 현존하고 제시될 수 있으며 또 그래야 한다. +A는 −A와 관련이 없이는 아무 의미도 없다는 점으로부터 +A와 더불어 직접적으로 −A가 존재한다는 점을 입증할 수 있다. 그런데 이를 상대방은 오히려 −A가 +A로서 여기에 현존한다고 파악한다. 하지만 그의 −A에 대해서도 마찬가지로 응답할 수 있다. 그러나 종종 예를 들어 감각적 동인에 대립된 자유에 대해 ─ 이런 자유는 바로 그 대립으로 인해 마찬가지로 진정한 자유가 아닌데 ─ 그것을 자유의 표현이라고 설명하려는 모든 것이 실은 감각적 동인의 결과로 설명되어야 한다는 점을 보여주는 수고조차 생략된다. 그러한 제시는 충분히 할 만하지만, 반대로 다시 감각적 동인의 결과로 경험된다고 하는 것은 실은 자유의 결과로 경험되어야 한다는 점을 보이는 것도 그만큼 수월하다. 그런데도 그러한 수고조차 마다한 채 자유로부터 곧바로 추상하여 자유는 어떤 내적인 것, 더 나아가 어떤 도덕적인 것, 심지어는 어떤 형이상학적인 것이므로 거기에〔감각적 동인의 영역에〕속하지 않는다고 주장하는 것이다. 그러나 이렇게 주장할 때 거기에 멈춰 서 있는 그 다른 규정, 즉 강제 및 이를 어떤 외적인 것으로 정립하는 감각적 동인은 그에 대립한 내적인 것 또는 자유 없이는 아무 의미도 없다는 점, 그리고 자유가 결코 강제와 분리될 수 없다는 점은 염두에 두지 않는다. 위협을 가하는 처벌에 반하여 그리고 법률이 이러한 위협을 통해 설정하는 감각적 동인에 반하여 그 행위를 통해 어떤 **특정한 것**이 의욕된다는 면에서 범죄 행위를 보면, 이 특정한 것이란 어떤 감각적인 것을 일컫고, 그래서 범죄를 유발하는 것은 감각적 자극이라고 말할 것이다. 그러나 행위는 의욕(Wollen)이고 행위 안에 법률에 의한 감각적 동인을 사상(捨象)시킬 수 있는 가능성이 있다는 면에서 보면, 그 행위는 자유로운 것으로 나타난다. 〔감각적〕 규정 그리고 〔자유의〕 가능성 가운데 그 어느 견해도 누락시킬 수 없으며, 그 하나는 다른 하나에 전적으로 결부되어 있어서 각각은 그 반대되는 것에서 직접 도출될 수 있다. 그러나 억견의 논리는 하나의 규정 내지 하나의 대립항이 정립되어 있으면 그에 대립한 다른 규정을 정말로 사상시킬 수 있고 그 규정이 없어도 된다고 생각한다. 또한 이 논리는 그 모순율의 방식 때문에 그와 같은 규정들에서는 그 각각의 반대가 직관을 규정하는 데 전혀 경중이 없고 그러한 추상화와 부정적인 본질 속에서는 반대가 자신의 반대와 완전히 동등하다는 점을 전혀 파악하지 못한다. 또한 감성에 대치해 있는 자유 그리고 감성과 강제 같은 두 가지가 모두 전혀 실제적이지 못한 한낱 사념물이고 상상의 존재라는 점은 더더욱 파악하지 못한다.

그러므로 법학이 억견과 본질 없는 추상들에 의존함으로써 실증적으로 되는 한, 법학이 경험이나 현실에 대한 적용 가능성의 규정 또는 상식과 일반적인 표상방식, 심지어 철학을 증인으로 끌어들이는 것은 아무 의미가 없다.

학문을 앞서 제시한 방식대로 실증적으로 만드는 근원을 좀더 자세히 고찰하고 가상과 억견의 근원을 무릇 헤아려보면 이 근원이 그 형식에 놓여 있다는 점이 밝혀진다. 즉 관념적인 것 내지 대립되고 일면적인 것이자 오직 대립자와의 절대적 동일성 속에서만 실재성을 갖는 것이 고립되고 대자적으로 존재하는 것으로 정립되어서 어떤 실제적인 것으로 언표됨으로써 그렇게 된다. 이러한 형식에 의해 직관이 직접 지양되고 전체가 해체되어 전체이자 어떤 실제적인 것이기를 멈추게 된다. 따라서 실증적인 것과 실증적이지 않은 것의 이런 구분은 내용과는 무관하다. 앞서 제시한 것과 같이 바로 이러한 형식에 의해서 순수하게 형식적인 추상이 고착되고 진리와 실재성이라고 잘못 주장될 뿐만 아니라 참된 이념과 올바른 원리가 그 제한의 측면에서 오인되고 그 안에서 진리성을 지니게 되는 역능의 외부에 정립되어 자신의 진리성을 완전히 잃게 될 수 있는 것이다. 하나의 원리가 어느 한 역능에 속한다는 것은 그 원리가 지닌 규정성이라는 측면이다. 그러나 그 역능 자체 안에서 이 규정성은 바로 무차별화되고 이념에 의해 실제로 충만하게 되어 현존하며, 이를 통해서 그 규정성이라는 진정한 원리가 된다. 그러면 이념으로서의 이 원리는 이념의 형태로서의 그러한 규정들 속에서 나타나면서 오직 이 역능의 원리로 인식되고, 그와 더불어 그것의 한계와 제약성이 인식된다. 그러나 제약된 원리를 절대적으로 만들거나 심지어 다른 역능들의 본성들로 확대시키면 그 원리는 자신의 진리성을 모두 박탈당하고 만다. 인륜성의 절대적이고 명료한 통일이 절대적이고 생동하는 것은 개별적인 역능도 또 역능들 일반의 존립도 굳건할 수 없으며 인륜성의 통일이 역능들을 영원히 확장시키듯이 이들을 또한 절대적으로 결집시키고 지양한다는 점에 있다. 또한 그것이 전개되지 않은 통일과 명료성 속에서는 자기 자신을 향유하고 또 역능들과 관련된 속에서는 자신의 내적 생명을 확신하고 분리되지 않으며, 때로는 하나의 역능을 다른 역능을 통해 단절시키고 때로는 하나의 역능으로 완전히 이행(移行)하여 다른 역능들을 파괴하며, 이와 마찬가지로 무릇 이러한 운동에서부터 모든 역능들이 지양되어 있는 절대적 정지(靜止)로 되돌아간다는 점에 있다. 반면에 전체에 복종하는 장기(臟器)의 생동성이 자신을 독자적인 동물로 형성하거나 간(肝)이 자신을 지배적인 기관으로 만들어서 조직체 전체를 자신의 작용을 향하도록 강제할 때처럼, 한 부분이 자신을 조직화하여 전체의 지배에서 벗어나고 이러한 개별화를 통해 전체에 부정적인 영향을 미치거나 심지어 전체가 오직 이 역능을 위해서만 조직되도록 강제할 때에는 질병과 죽음의 시초가 현존하는 것이다. 이처럼 인륜성의 보편적 체계에서 예를 들면 점유와 소유를 문제삼는 시민법(bürgerliches Recht)의 원리와 체계가 자신에 몰입하여 스스로를 잃게 되는 광대함 속에서 자신을 즉자적이고 무제약적이며 절대적인 총체성으로 간주하는 일이 발생할 수도 있다. 이 역능의 내적 부정성은 이미 위에서 현존하는 유한한 것이라는 그 내용에 따라서도 규정되었으며, 이러한 내용 속에서 가능한 무차별의 반영은 더더욱 어떤 절대적인 것으로 받아들여질 수 없다. 그와 마찬가지로 영업과 점유 자체의 체계, 민족의 부(富) 그리고 이러한 체계 내에서 다시 개별적인 역능은 그것이 농업이건 공업이건 또는 상업이건 간에 무제약적인 것으로 만들어질 수 없다.

그러나 개별적인 역능이 더욱 실증적으로 되는 것은 그 역능과 그것의 원리가 자신의 제약성을 망각하여 다른 역능들을 휘어잡고 자신 아래 굴복시킬 때다. 역학의 원리가 화학과 자연과학 안으로 침투하고 다시 화학의 원리가 특히 자연과학 안으로 침투했듯이, 이와 같은 일이 인륜에 관한 철학에서도 여러 시기에 여러 원리를 가지고 일어났다. 그러나 최근에는 자연법의 내부적 운영에서 시민법의 원리를 이루는 외적 정의(正義), 즉 현존하는 유한 속에서 반성되고 따라서 단지 형식적인 무한성이 국법과 국제법(Völkerrecht)에 대한 특별한 최고 지배력을 획득하게 되었다. 계약 같은 하위의 관계가 지닌 형식이 인륜적 총체성의 절대적 위엄 안으로 침투하여, 예를 들면 군주정(君主政, Monarchie)에 관하여 중심점의 절대적 보편성과 그 속에서 특수의 합일이 때로는 국가라는 추상물에 대한 최고 국가공무원의 관계인 전권위임(全權委任) 계약에 따라 파악되고 또 때로는 통상적인 계약 일반의 관계에 따라 서로 필요한 두 특정한 당사자들 간의 일, 즉 쌍방적 이행(履行)의 관계로 파악되었다. 그리하여 전적으로 유한 속에 있는 이러한 관계들에 의해 직접적으로 이념과 절대적 위엄이 파괴되었다. 이와 마찬가지로 또한 국제법에 관해서도 인륜적 총체성들인 절대적으로 자립적이고 자유로운 민족들 간의 관계가 주체의 개별성과 의존성을 문제삼는 시민적 계약의 관계에 따라 직접 규정된다면, 이는 그 자체로 모순이다. 피히테가 개별자 자체의 모든 행동과 존재를 개별자와 대립된 보편자와 추상에 의해 감시되고 인지되고 규정되도록 하려고 했듯이,[45] 국법 또한 그 자체로 자신을 순전히 개별적인 것과 관련시켜서 완벽한 경찰로서 개별자의 존재를 모조리 관통하려고 할 수 있을 것이고, 그렇게 해서 시민적 자유를 파괴할 수 있을 것이다. 그런데 이는 가장 혹독한 전제주의(專制主義)가 될 것이다. 또한 도덕적 원리가 절대적 인륜성의 체계 안으로 침투하여 공법(公法, öffentliches Recht)과 사법(私法, Privat-Recht) 그리고 또한 국제법의 정점에 서려고 할 수도 있을 터인데, 이 역시—도덕의 원리는 시민법의 원리와 마찬가지로 단지 유한과 개별 속에 있으므로—가장 큰 허약함이자 또한 극심한 전제주의일 것이고 인륜적 조직체의 이념을 전반적으로 상실하게 될 것이다.

부분은 자신의 한계를 인식하지 못하고 오히려 자신을 전체적이고 절대적인 것으로 구성하려는 경향을 지닐 수밖에 없는 반면, 철학은 부분들을 넘어선 전체의 이념 안에 서 있으며 이를 통해 각 부분을 그 한계 내에 잡아두고 또한 이념 자체의 존엄성을 통해 부분이 무한

---

45) Fichte, *Naturrecht*, 302쪽 참조: "여기서 수립된 헌정을 지닌 국가 안에서는 각자가 그의 특정한 지위를 갖고 있고, 경찰은 각각의 시민이 낮의 어느 시간에 어디에 있으며 무엇을 하고 있는지를 상당히 정확하게 알고 있다. (……) 각자는 기입된 증명서로 바로 그 자리에서 신원이 확인될 수 있다."

히 세밀하게 자신을 분할하면서 무성해지지 않도록 방지한다. 그러므로 학문에서 개별적인 원리들과 그 체계들이 그와 같이 고착되고 고립되어 다른 원리들을 장악하는 일을 오로지 철학만이 저지할 수 있다. 마찬가지로 현실 속에서 역능들의 이러한 제한과 이념적 정립은 인륜적 총체성의 역사(歷史)로 드러난다. 여기서 인륜적 총체성은 시간 속에서 자신의 절대적 균형을 견지하면서도 대립자들 사이에서 부침(浮沈)하여, 때로는 시민법의 약간의 우세를 통해 국법에 그 규정성에 대해 경고하고 또 때로는 국법의 우세를 통해 시민법에 함몰과 균열을 만든다. 그래서 각 체계가 무릇 부분적으로는 한 시대에 더욱 힘차게 깃들도록 함으로써 새롭게 생기를 얻도록 만들고, 부분적으로는 분리 속에 있는 모든 것이 그 한시성과 의존성을 기억하도록 만든다. 또한 분리 속에 있는 모든 것이 그 개별적인 계기들에서 한꺼번에 융해되어 자신 속으로 수축된 것으로 서술하고 또 그들이 대자적으로 되고자 할 경우에는 그와 같은 의존성에 대한 기억과 자신의 허약함에 대한 감정을 간직하면서 이러한 통일에서 다시 태어나 다시 밖을 향해 나가도록 만듦으로써 그들의 무성한 확장과 자기 조직화를 파괴한다.

　법학의 실증성이 지닌 이러한 성격은 하나의 역능을 고립시키고 절대적으로 정립시키는 형식과 관련되어 있다. 그리고 이러한 면에서는 종교나 또는 그 무엇과 마찬가지로 개개의 철학적 학문도 전도되고 혼탁해질 수 있다. 그러나 우리는 실증성을 그 질료의 측면에서도 고찰해야 한다. 비록 앞에서 실증적이라고 부른 것이나 이제 질료로서 고찰하려는 것이나 둘 다 특수 속에 있지만, 앞에서는 특수성과 규정성이 보편성의 형식과 외적으로 결합되는 것을 고찰했던 반면, 이제는 특수 그 자체를 고찰하려고 하기 때문이다.

　이러한 관점에서 우리는 형식주의에 대항하여 무엇보다도 그 질료상 실증적인 것으로 정립될 수 있는 것을 수용해야만 한다. 형식주의는 직관을 그리고 직관이 지닌 보편과 특수의 동일성을 찢어버리고 보편과 특수의 추상들을 서로 대치(對峙)시키며, 이러한 공허함에서부터는 배제시키지만 특수성의 추상 아래 종속시킬 수 있는 것을 실증적인 것으로 간주하기 때문이다. 이때 형식주의는 앞에서 본 것과 같이 대립의 형식 속에서는 보편이 추상 속에 현존하게 되며 이런 형식을 통해 보편이 실증적으로 되기 때문에 그와 같은 대립을 통해 특수 못지않게 보편도 실증적인 것이 된다는 점을 염두에 두지 않는다. 그러나 실제적인 것은 전적으로 보편과 특수의 동일성이며 그렇기 때문에 그와 같은 추상은 일어날 수 없고, 추상을 통해 발생한 대립자들 가운데 하나, 즉 즉자적으로 존재하는 것으로서의 보편은 정립될 수 없다. 무릇 형식적 사유가 일관적이라면, 특수를 실증적인 것으로 파악할 때 형식적 사유는 아무 내용도 전혀 가져서는 안 된다. 형식적 사유의 순수이성 속에서는 모든 다수성과 구분 가능성이 철저하게 누락될 수밖에 없는데, 이것이 어떻게 극히 빈약하게나마 여러 단원(單元)과 장(章)으로 나아갈 수 있는지 도무지 알 길이 없다. 이는 유기체의 본질을 생명력이라는 추상으로 파악하면서 도대체 기관(器官)이나 뇌, 심장 그리고 모든 장기(臟器)를 어떤 특수하고 우연적이고 실증적인 것으로 파악하여 무시할 수밖에 없는 사람과 같은 처지이다.

　모든 생명체와 마찬가지로 인륜 역시 단적으로 보편과 특수의 동일성이므로 인륜은 개체성이자 형태이다. 인륜은 특수성·필연성·관계 즉 상대적 동일성을 자신 안에 담지하고는 있지만 이를 무차별화하고 동화시켜서 담지하고 있기 때문에 인륜은 상대적 동일성 속에서도 자유롭다. 그리고 반성에 의해 특수성으로 간주될 수 있는 인륜은 실증적인 것도 아니고 생동하는 개인에 대항한 대립자도 그리고 이를 통해 우연성과 필연성에 연관되어 있는 대립자도 아니지만, 그것은 생동한다. 이러한 측면이 인륜의 비유기적 자연, 그러나 형태와 개체성 속에서 그 자체로 조직화된 비유기적 자연이다. 가장 일반적인 것을 예로 든다면, 이처럼 어떤 민족의 특정한 풍토와 보편적 종〔인류〕의 형성에서 그 민족이 차지하는 시대는 필연성에 속하고, 필연성의 광범위한 사슬 중에서 하나의 고리만이 그 민족의 현재에 귀착된다. 이 고리는 저 첫번째 〔한 민족의 특정한 풍토라는〕 측면에서는 지리학을 통해 파악되고, 두번째 〔인류의 형성이라는〕 측면에서는 역사를 통해 파악되어야 한다. 그러나 이 고리 속에서 인류적 개체성은 자신을 조직화하였고, 그 고리의 규정성은 인류적 개체성이 아니라 필연성과 관계한다. 왜냐하면 민족의 인류적 생동성이란 바로 그 안에 규정성이 존재하는 하나의 형태를 그 민족이 지니고 있되, 이를 (지금까지의 이 단어에 관한 우리의 용법에 따른다면) 실증적인 것으로서가 아니라 보편성과 절대적으로 통합되고 보편성을 통해 생기를 얻은 것으로 지니고 있다는 점에 있기 때문이다. 그리고 이러한 측면은 또한 철학이 필연성을 존중할 것을 어떻게 가르치는지를 인식하는 데도 매우 중요하다. 그것은 이 측면이 하나의 전체이며, 오직 제한된 식견만이 개별성을 고집하여 이를 우연성이라고 멸시하기 때문만이 아니다. 그것은 또한 이 측면이 개별성과 우연성의 견해를 지양해서, 삶이 개별성과 우연성을 그 자체로 방해하지 않으면서 이것이 필연성에 따라 있는 바대로 존속시킴으로써 동시에 필연성으로부터 개별성과 우연성을 구해내어 이것을 관통하고 생기를 준다는 점을 개별성과 우연성으로부터 보여주기 때문이다. 동물세계의 한 부분을 조직하는 물이라는 요소와 또 다른 부분을 조직하는 공기라는 요소가 개별적인 요소들이라는 이유로 각각 물고기와 새에게 어떤 실증적인 것이거나 죽은 것이 아닌 것만큼이나, 바로 이 풍토 속에서 그리고 어느 특정한 문화와 보편적 문화의 바로 이 시기에 자신을 조직화하는 인륜성의 이러한 형식이 인륜성에서 어떤 실증적인 것이 되는 것은 아니다. 나이팅게일과 사자의 본성만큼이나 폴립(Polyp)의 본성에도 생명의 총체성이 존재하듯이, 세계정신(Weltgeist)은 각각의 모든 형태 속에서 둔감하건 혹은 더 발달되었건 간에 절대적인 자기감정을 지니고 있으며, 각각의 모든 관습과 법률 전체 아래 개개의 모든 민족 속에서 자신의 본질을 가지면서 자기 자신을 향유했던 것이다. ── 이러한 단계는 외향적으로도 마찬가지로 정당화되어 있는데, 이 외적 측면은 필연성 그 자체에 속한다. 필연성의 이러한 추상 속에서도 개별성은 이념에 의해 다시금 전적으로 지양되어 있기 때문이다. 폴립과 나이팅게일과 사자의 단계가 지닌 개별성은 전체의 역능이며, 이러한 연관 속에서 그 개별성은 존중받는다. 총체성의 이념이 개별적인 단계들 위에서 부유(浮游)하지만, 이 이념은 자신의 흩어져 있는 상(像) 전체로부터 다시 빛을 발하며, 그 안에서 자신을 직관하고 인식한다. 확장된 상(像)의 이러한 총체성이 곧 존립하는 것으로서의 개별자에 대한 정당화이다. 그러므로 이는 개체성에 특수성의 형식을 부여하고 특수성이 실제적으로 되도록 만드는 생동성을 지양하는 형식적 관점이지만, 또한 특정한 단계의 실재성이 정립되어 있는 곳에서 더 상위의 단계를 요구하는 경험적 관점이기도 하다. 상위의 단계는 그 발전된 실재성 속에서도 경험적으로 그에 못지않게 현존한다. 즉 식물이 지닌 생명의 더 고차적인 발전은 폴립에 있고, 폴립의 더 고차적인 발전은 곤충에 있고 등등이다. 폴립 속에서 곤충이라는 더 상위 단계의 경험적 현시(顯示)를 보려고 하는 것은 오직 경험적 비(非)이성뿐이다. 폴립이 아닌 폴립에는 〔그 자신과는 무관한〕 나와 경험적 관련 속에 있는 그 특정한 죽은 질료 조각만이 남을 뿐이다. 그것이 죽은 것이고 질료가 되는 것은 내가 그것을 다른 어떤 것이 될 수 있는 공허한 가능성으로 정립함으로써이다. 이 공허함이 바로 죽음이다. 경험적 연관과 무관하게 더 고차적인 현시가 절대적으로 문제가 될 때에도 이를 발견할 수 있는데, 왜냐하면 그것은 절대적 필연성에 따라 현존해야 하기 때문이다. ─ 이와 같이 예를 들어 봉건제도는 물론 극히 실증적인 것으로 나타날 수 있다. 그러나 우선 필연성의 측면에서 봉건제도는 절대적으로 개별적인 것이 아니라 전적으로 필연성의 총체성 속에 있다. 또한 내부적으로도 삶 자체에 대하여 봉건제도가 과연 실증적인지는, 그 민족이 봉건제도에서 자신을 정말 개별성으로 조직화했고 이 체계의 형태를 완전하게 충족시키면서 생동성 있게 고루 스며들었는지, 즉 이러한 관계의 법률이 관습인지 여하에 달려 있다. 그러므로 다음과 같은 경우에는 봉건제도와 노예제도가 절대적 진리성을 지니고 있고 이러한 관계가 인륜성의 유일하게 가능한 형식이며, 따라서 필연적이고 정당하고 인륜적인 형식이다.[46] 즉 이를테면 한 국가의 특유한 정신이 무릇 저급한 수준에 있고 허약한 것일 경우 ─ 인륜성의 허약함은 야만과 형식적인 문화 속에서 가장 극심하다 ─, 또 그 국가를 다른 국가가 정복하여 자신의 독립성을 상실할 수밖에 없을 경우, 즉 투쟁과 죽음보다 자립성의 상실이라는 불행과 치욕을 선호했을 경우에 그러하다. 또한 그 국가가 야만적으로 동물적인 삶의 실재에 함몰되어 있어서 도대체 형식적 이념성 내지 보편의 추상으로조차도 자신을 고양시키지 못하며, 따라서 물리적 욕구에 관한 관계의 규정에서 법적인 관계를 감내하지 못하고 오직 개인적인 관계(Verhältnis von Persönlichkeit)만을 감당할 수 있는 경우에 그러

---

46) Hegel, *Enzyklopädie der philosophischen Wissenschaften*, Werke 10, Frankfurt/M., 1970, §435 Z., 225쪽 참조: "따라서 노예제와 독재는 민족의 역사에서 하나의 필연적인 단계이며, 따라서 상대적으로 정당한 것이다. 노예로 머무르는 자에게 어떤 절대적인 불법이 일어나는 것은 아니다. 왜냐하면 자유를 획득하기 위해 생명을 거는 용기를 지니지 못한 자는 노예가 됨이 마땅하다. 반면에 한 민족이 자유로워지기를 원한다고 단지 상상만 하는 것이 아니라 정말로 자유에 대한 열정적인 의지가 있다면, 어떠한 인간의 권력도 이 민족을 단지 수동적인 피통치의 노예상태로 억눌러 둘 수 없다."

하다. 혹은 마찬가지로 보편과 법의 실재가 모든 믿음과 진리를 상실해서 신성함의 상(像)을 자기 자신 안에서 지각하면서 향유하지 못하고 자신의 외부에 정립하여, 그에 대해 둔감한 감정이나 그것의 거리와 숭고함에 대한 매우 고통스러운 감정으로 만족해야 할 경우에 그러하다.

이같은 전체의 개별성과 한 민족의 특정한 성격에서 또한 절대적 총체성이 자신을 조직화하는 전체 체계가 인식되어야 한다. 어떻게 헌정과 입법의 제반 부분들, 인륜적 관계들의 제반 규정이 전적으로 전체에 의해 규정되어 있으며, 어떠한 결합도 또 어떠한 장식물도 홀로 선천적으로 현존하지 않고 그 각각이 전체를 통해 생성되어 전체에 예속되어 있는 하나의 건물을 형성하는지가 인식되어야 한다. 이러한 의미에서 몽테스키외(J.-Fr. de Montesquieu)는 민족의 개체성과 성격에 대한 직관을 기초로 그의 불후의 저서를 저술했다.[47] 그가 자신을 가장 생동하는 이념으로까지 고양시키지는 않았을지라도, 그는 개별적인 기구(機構)와 법률을 이른바 이성에서부터 연역하지도 않았고 경험으로부터 추상한 다음 어떤 보편적인 것으로 격상시키지도 않았다. 그는 국가법과 관련된 부분이 지닌 상위의 관계들과 마찬가지로 유언, 혼인법 등등에까지 이르는 시민적 관계의 하위 규정들 역시 전적으로 오직 전체의 성격과 개체성으로부터 파악했으며, 이를 통해 국가와 법률에 관한 경험적 이론가들의 체계가 지닌 우연성들을 이성으로부터 인식했다. 그렇게 해서 〔법률을〕 인간의 오성 자체나 보편적인 경험에서 이끌어냈다고 오산하는 경험적 이론가들에게 특정한 법률이 기원하는 이성과 오성과 경험은 선천적 이성과 오성도 아니고 또 절대적으로 보편적인 경험일 선천적 경험도 아니며, 오로지 그 최상의 규정성들

---

47) J.-Fr. de Montesquieu, *De l'esprit des lois*, Genf, 1748을 일컫는다.

이 다시 보편적인 필연성으로부터 파악되어야 하는 한 민족의 개체성이라는 점을 그들이 이해할 수 있는 방식으로 보여주었다.

학문과 관련하여 각각의 개별적인 역능이 고정될 수 있고 이를 통해 학문이 실증적으로 될 수 있다는 것을 위에서 보았듯이, 바로 이 점이 인륜적 개체 내지 민족에 대해서도 주장되어야 한다. 필연성에 따르면 총체성은 인륜적 개체 내지 민족에서 자신을 분산된 규정들의 존립으로 드러내야 하고, 인륜적 개체 내지 민족이 현재 속에 정립되는 사슬의 개별적인 고리가 흘러가고 다른 고리가 들어서야 하기 때문이다. 개체가 이런 식으로 성장하고 하나의 역능이 더 강하게 등장하는 반면 다른 역능은 퇴장함으로써, 퇴장하는 역능 속에서 조직화되었던 부분들이 제거되고 소멸되는 일이 일어난다. 어떤 것은 새로운 삶을 향해 성숙해가지만 규정의 어느 한 단계에 확립되었던 다른 것은 낙오하고 생명이 사라지는 것을 보게 되는 이러한 분할은 오로지 한 단계의 규정이 고착화되고 형식적으로 절대적인 것으로 만들어졌다는 것을 통해서만 가능하다. 특정한 관습에 부여되어 있었고 보편성 내지 동일성의 부정적으로 절대적인 것인 법률의 형식은 그 단계의 규정에 즉자적으로 존재하는 것이라는 허상을 제공한다. 그리고 민족이 대규모이면 그 규정성 속에서 자신을 조직화하는 부분들 역시 크다. 또한 법률 속에서 그 규정성에 대해 지닌 의식은 새로 솟아오르려는 삶의 무의식적인 것보다 더 큰 비중을 지니고 있다. 관습과 법률이 하나였을 때에는 규정성은 실증적인 것이 아니었다. 그러나 개체의 성장과 더불어 전체가 균등하게 진보하지 않듯이, 법률과 관습은 서로 분리되고 관절들을 연결하는 생동하는 통일은 약해져서 전체의 현재 속에 더 이상 절대적인 연관과 필연성이 존재하지 않게 된다. 여기서 개체의 규정성은 이를 설명하고 파악하도록 만들어줄 삶을 결여하고 있으므로 개체는 그 자신으로부터 인식될 수가 없다. 새로운 관습이 이제 막 법률로 결집되기 시작함으로써 법률들 간의 내적 모순이 단적으로 나타날 수밖에 없게 된다. 앞선 역사[관습과 법률이 하나이던 시기]에서는 오직 한 가지 면의 견해만이 존재했고 필연적인 것은 동시에 자유로웠다. 반면에 이제는 필연성이 더 이상 자유와 하나가 아니며, 그러한 한에서 전적으로 순수한 역사(reine Geschichte)[과거에 발생한 사건들의 집합으로서의 역사]에 귀속된다. 진정한 생동하는 근거를 현재 속에 지니지 못한 것의 근거는 과거 속에 있다. 즉 법률 속에 여전히 고정되어 있긴 하지만 이미 소멸해버린 규정이 아직 생동하는 관습이었고 여타의 입법과 부합하던 시대를 찾아야만 하는 것이다. 그러나 법률과 기구에 대한 순수하게 역사적인 설명의 효력은 바로 이러한 인식이라는 목적 이상에 미치지 못한다. 과거의 삶 속에서만 진리성을 지녔던 법률을 순수한 역사적 설명을 통해 현재를 위해서도 정당화시킨다면, 그러한 설명은 자신의 규정과 진리를 넘어서는 것이다. 잃어버린 관습과 소멸한 삶 속에서만 자신의 근거를 제시할 수 있는 그와 같은 법률에 대한 역사적 인식은 그 법률이 여전히 법률이라는 형식을 통해 그리고 전체의 부분들이 이 법률의 관심 속에 있고 자신의 현존재를 그 법률에 결부시킨다는 것을 통해 위력과 권력을 지니고 있을지라도 오히려 역으로 이제 생동하는 현재 속에서는 그 법률에 오성과 의미가 결여되어 있다는 점을 바로 입증한다.

그런데 이미 사멸했고 진리성을 지니지 못하는 것과 아직 생동하는 것을 올바로 구분하기 위해서는 형식적인 견해라면 놓칠 만한 한 가지 구분을 기억해야 하는데, 이러한 구분을 통해 그 자체가 부정적인 것을 생동하는 법률인 양 간주하여 그 자체로 부정적인 법률의 지배를 조직체의 생기(生氣)로 간주하는 일이 방지되어야 한다. 개별적인 규정들과 부분들을 전체의 최고 지배에서 이탈시키고 이들에게서 전체의 권력을 배제하고 보편적인 것에서 개별적인 것이 제외되도록 구성하는 법률이란 그 자체가 어떤 부정적인 것이고 이미 시작된 죽음의 징표이기 때문이다. 이러한 죽음은 부정적인 것과 예외의 법률이 생기면 생길수록 그리고 이러한 해체로 나아가는 법률이 전체의 통일을 구성하는 진정한 법률에 대해 강력한 것이 되면 될수록 삶에 더욱 위협적으로 된다. 따라서 전적으로 과거에 속하고 더 이상 생동하는 현재를 지니지 못하여 오직 몰상식하고 아무런 내적 의미도 없는 파렴치한 권능만 지닌 것만이 실증적이고 사멸한 것으로 간주되어야 하는 것이 아니다. 부정적인 것 내지 인륜적 총체성의 해체와 분리를 확립하는 것 역시 진정한 긍정적 진리를 결여하고 있다. 전자는 과거의 삶의 역사인 반면, 후자는 현재적 죽음에 대한 특정한 표상이다. 이렇게 그 법률이 부정적인 것과 분리의 법률인지 아니면 진실로 긍정적인 것과 통일의 법률인지를 구분하지 않는다면, 예컨대 독일 민족처럼 해체된 민족 속에서는〔진리를 결여한〕법률이 진리성을 지니고 있는 것처럼 보일 수도 있다. 전체를 조직하는 법률이 오로지 과거에 대해서만 의미를 지니고 있고 이미 오래 전에 죽은 껍질로서 벗어던진 형태 및 개체성과만 관련을 맺고 있다는 것, 법률이 오직 부분들에 대해서만 관심을 갖고 이를 통해 전체와의 생동하는 관련이 아니라 전체에 대해 낯선 권력과 지배를 정립한다는 것, 생동하는 결속과 내적 통일을 드러내도록 하는 것이 전체의 목적을 위한 수단으로서 더 이상 아무런 적합성도 지니지 못하고 따라서 ── 수단의 진리성은 그것이 목적에 합치한다는 것에 있으므로 ── 이 수단이 오성도 진리성도 지니고 있지 못하다는 것, 그리고 전체의 이런 가장 내면적인 비진리에 의해 또한 철학의 학문 일반 그리고 인륜성과 종교에서도 더 이상 참된 것이 거의 있을 수 없게 되는 결과가 된다는 것. ── 바로 이를 통해 직접 해체가 규정되고 확고해지고 부정적인 것의 체계 속에 정립되며, 내적 본질이 없는 인식과 법률의 형식적 허상을 자신에 부여한다. 그와 같은 민족이 지닌 인식과 학문이 자신을 이성은 아무것도 인식하지 않고 알지도 못하며 도피(逃避)로서의 공허한 자유 속에만, 즉 무와 그 허상 속에만 있을 뿐이라고 표현한다면, 그 부정적 입법의 내용과 본질이란 아무 법도 없고 아무런 통일도 없으며 어떤 전체도 없다고 하는 것이다. 따라서 저 첫번째 비진리는 무의식적이고 소박한 비진리인 반면, 이 두번째 비진리는 형식을 찬탈함으로써 자신을 확고하게 만드는 비진리다.

그러므로 특수한 것을 그것이 특수하다는 이유로 실증적인 것으로 받아들이는 것은 철학이 아니다. 철학은 특수한 것이 전체의 절대적 연관 외부에서 하나의 고유한 부분으로서 자립성을 획득한 한에서만 그것을 실증적인 것으로 받아들인다. 절대적 총체성은 자신이 지닌 각각의 역능 속에서 필연성으로서의 자신을 제지하고 그 위에서 자신을 총체성으로 산출하며, 바로 여기에서 앞선 역능들을 반복하고 또 뒤따르는 역능을 선취(先取)한다. 그런 역능들 가운데 하나의 역능이 그 색채와 규정성 속에서 총체성이 나타나는, 그러나 ─ 마치 물이 물고기에게 그리고 공기가 새에게 어떤 제한적인 것이 아니듯이 ─ 그것이 삶에 어떤 제한적인 것이 되지 않는 가장 큰 세력이다. 동시에 개체성이 발달하고 자신을 변형시키며, 필연성의 모든 단계가 그 자체로서 지배적인 역능에서 나타날 수 있게 되도록 〔기존의〕 지배적인 역능에 속하던 것이 약화되고 소멸되는 것은 필연적이다. 그런데 새로운 형성의 이와 같은 강화(強化)가 과거의 것으로부터 절대적으로 정화되지 않았다는 과도기의 불행 안에 바로 실증적인 것이 존재한다. 그리고 자연은 비록 특정한 형태 내에서 균등하되 기계적으로 균일하지는 않은 운동으로, 즉 균일하게 가속된 운동으로 전진하지만, 또한 자신이 획득한 새로운 형태를 향유한다. 자연은 새로운 형태 속으로 뛰어드는 것처럼 또 이 새로운 형태 속에 머문다. 이는 마치 폭탄이 그 정점에서

폭발하고 나서는 한순간 정지하는 것과도 같고, 가열된 금속이 밀랍처럼 서서히 연해지는 것이 아니라 순식간에 용해되어 액체상태에 머무르는 것과도 같다. 왜냐하면 현상은 절대적 대립자로 이행(移行)하는 것이고 따라서 무한하며, 무한성으로부터 또는 자신의 무(無)로부터 대립자가 이렇게 출현하는 것은 하나의 비약이고, 그 새로 태어난 힘 속에서 형태의 현존재는 이 형태가 타자와의 관계를 의식하게 되기 전까지는 우선 대자적으로 존재하기 때문이다. 또한 그렇게 성장하는 개체성이 점차 자신을 부정적인 것에 개방하고 갑작스럽고 파열적으로 몰락하기까지는 그 개체성도 이러한 비약의 기쁨과 자신의 새로운 형식을 계속 향유한다.

이제 인륜성에 관한 철학이 이러한 필연성을 파악하고 그 내용의 연관 및 규정성을 정신과 절대적으로 결합되어 있는 것으로서 그리고 정신의 생동하는 육체로서 인식할 것을 가르치고, 특수성의 개념 아래 종속시킬 수 있는 것을 우연적이고 죽은 것으로 간주하는 형식주의에 대해 자신을 대립시킬 때, 인륜성에 관한 철학은 동시에 개체성 일반의 이러한 생동성이 그 형태가 무엇이건 간에 형식적인 생동성이라는 점을 인식한다. 무차별 안으로 절대적으로 수용되었음에도 불구하고 필연성에 속하는 것이 지닌 제약성은 단지 필연성의 한 부분이지 절대적이고 총체적인 필연성 자체가 아니며, 따라서 항상 절대정신과 그 형태 간의 불일치이기 때문이다. 그런데 이러한 절대적인 형태를 〔얻기〕위해 철학은 세계시민주의(Kosmopolitismus)의 무형태성으로 도피할 수도 없고, 인권이나 국제국가(Völkerstaat)나 세계공화국(Weltrepublik)이라는 공허함으로 도피할 수도 없다.[48] 그와 같은 추상

---

48) Kant, *Zum ewigen Frieden*, B 37 이하 참조. 그러나 칸트는 하나의 법공동체를 이룩하려는 '국제국가'나 '세계공화국'이 이성적 이념으로서는 필연적이지만 비현실적일 뿐만 아니라 각 국가의 주권에 위배된다는 이유로 거부하

들과 격식들은 인륜적 생동성과는 정반대되는 것을 내포하고 있으며, 그 본질상 개체성에 대해 저항적이고 혁명적이다. 철학은 절대적 인륜성의 고귀한 이념을 위해 또한 가장 아름다운 형태를 인식해야 한다. 그리고 절대적 이념은 그 자체가 절대적 직관이므로 이 절대적 이념의 구성과 더불어 직접적으로 또한 가장 순수하고 가장 자유로운 개체성이 규정되어 있다. 이러한 개체성 속에서 정신은 자신의 형태 안에서 자기 자신을 완전하게 객관적으로 직관하며, 직관으로부터 자신으로 복귀하지 않고 직접 직관 자체를 전적으로 자기 자신으로 인식한다. 바로 이를 통해 정신은 절대정신이고 완전한 인륜성이다. 동시에 가장 순수하고 가장 자유로운 이 개체성은 위에서 본 방식대로——사태 자체에서 그러한 결론이 나오듯이, 우리가 지금까지 실증적이라고 부른 것은 그 자체로 고찰할 때 부정적인 것이므로——부정적인 것과 착종되지 않도록 방어하고 부정적인 것을 객관적인 것으로서 그리고 운명으로서 자신과 대치시키며, 자기 자신의 한 부분을 의식적으로 희생하여 부정적인 것에 일정한 권력과 영토를 내줌으로써 자신의 고유한 삶을 그로부터 정화시켜 보존한다.

고, 그 대신 국가 간의 전쟁상태의 종식과 영구 평화의 수립이라는 좀더 소극적인 목표를 지닌 연방주의적 국제연맹(föderalistischer Völkerbund)을 제안한다.

참고문헌

Bonsiepen, W., *Der Begriff der Negativität in den Jenaer Schriften Hegels, Hegel-Studien Beih.* 16, Bonn, 1977.

Cesa, C., "Tra Moralität e Sittlichkeit. Sul confronto di Hegel con la filosofia pratica di Kant," in V. Verra(Hg.), *Hegel interprete di Kant*, Neapel, 1981.

Claesges, U., "Legalität und Moralität in Hegels Naturrechtsschrift," in U. Guzzoni/B. Rang/L. Siep, *Der Idealismus und seine Gegenwart*, Hamburg, 1976.

Choe, Hyondok, *Der Begriff des Naturrechts in Hegels früher Philosophie der sittlichen Totalität*, Frankfurt-Univ., 1986.

Düsing, K., "Die Rezeption der Kantischen Postulatenlehre in den frühen philosophischen Entwürfen Schellings und Hegels," in R. Bubner(Hg.), *Das älteste Systemprogramm. Studien zur Frühgeschichte des Deutschen Idealismus. Hegel-Studien Beih.* 9, Bonn, 1973.

———, "Idealistische Substanzmetaphysik. Probleme der Systementwicklung bei Schelling und Hegel in Jena," in D. Henrich/K. Düsing(Hg.), *Hegel in Jena, Hegel-Studien Beih.* 20, Bonn, 1980.

Düsing, K., "Politische Ethik bei Plato und Hegel," in *Hegel-Studien*, Bd. 19,

1984.

―――, "Spekulation und Reflexion. Zur Zusammenarbeit Schellings und Hegels in Jena," in *Hegel-Studien*, Bd. 5, 1969.

―――, "Über das Verhältnis Hegels zu Fichte," in *Philosophische Rundschau* 20, 1973.

Glockner, H., *Hegel*, Stuttgart, 1958[2].

Görland, I., *Die Kantkritik des jungen Hegel*, Frankfurt/M., 1966.

Haering, Th. L., *Hegel. Sein Wollen und sein Werk*, Leipzig–Berlin, 1938.

Haym, R., *Hegel und seine Zeit*, Berlin, 1857.

Henrich, D., "Absoluter Geist und Logik des Endlichen," in D. Henrich/K. Düsing(Hg.), *Hegel in Jena, Hegel-Studien Beih*. 20, Bonn, 1980.

Hočevar, R. K., *Stände und Repräsentation beim jungen Hegel*, München, 1968.

Horstmann, R.-P., "Jenaer Systemkonzeptionen," in O. Pöggeler(Hg.), *Hegel. Einführung in seine Philosophie*, Freiburg–München, 1977.

―――, "Probleme der Wandlung in Hegels Jenaer Systemkonzeption," in *Philosophische Rundschau* 19, Tübingen, 1972.

―――, "Über die Rolle der bürgerlichen Gesellschaft in Hegels politischer Philosophie," in M. Riedel(Hg.), *Materialien zu Hegels Rechtsphilosophie*, Bd. 2, Frankfurt/M., 1975.

Ilting, K.-H., "Hegels Auseinandersetzung mit der aristotelischen Politik," in *Philosophisches Jahrbuch* 71, 1963/64.

Kimmerle, H., *Das Problem der Abgeschlossenheit des Denkens. Hegels "System der Philosophie" in den Jahren 1800~1804, Hegel-Studien Beih*. 8, Bonn, 1970.

―――, "Hegels Naturrecht 1802~1805/06," in *Hegel-Studien*, Bd. 11, 1976.

―――, "Ideologiekritik der systematischen Philosophie. Zur Diskussion über Hegels System in Jena," in *Hegel-Jahrbuch*, 1973/74.

―――, "Zum Verhältnis von Geschichte und Philosophie im Denken

Hegels," in *Hegel-Jahrbuch* 1968/69, 1970.

―――, "Zur Chronologie von Hegels Jenaer Schriften," in *Hegel-Studien*, Bd. 4, 1967.

―――, "Zur Entwicklung des Hegelschen Denkens in Jena," in *Hegel-Studien Beih.* 4, Bonn, 1969.

Koyré, A., "Hegel à Iéna," in *Études d'Histoire de la Pensée Philosophique*, Paris, 1961.

Kroner, R., *Von Kant bis Hegel*, Bd. 2, Tübingen, 1961.

Lukács, G., *Der junge Hegel*, Bd. 2, Frankfurt/M., 1973.

Maier, H., "Einige historische Vorbemerkungen zu Hegels politischer Philosophie," in R. Bubner(Hg.), *Das älteste Systemprogramm, Hegel-Studien Beih.* 9, Bonn, 1973.

Marcuse, H., *Reason and Revolution. Hegel and the Rise of Social Theory*, Boston, 1960.

Meist, K. R., "Hegels Systemkonzeption in der frühen Jenaer Zeit," in D. Henrich/K. Düsing(Hg.), *Hegel in Jena, Hegel-Studien Beih.* 20, Bonn, 1980.

Metzger, W., *Gesellschaft, Recht und Staat in der Ethik des deutschen Idealismus*, Heidelberg, 1971.

Pöggeler, O., "Hegel und die griechische Tragödie," in *Hegel-Studien Beih.* 1, 1984.

―――, "Hegels Jenaer Systemkonzeption," in *Philosophisches Jahrbuch* 71, 1963/64.

Riedel, M., "Der Begriff der 'Bürgerlichen Gesellschaft' und das Problem seines geschichtlichen Ursprungs," in *Archiv für Rechts- und Sozialphilosophie*, Bd. XLVIII, 1962.

―――, "Die Rezeption der Nationalökonomie," in Ders., *Studien zu Hegels Rechtsphilosophie*, Frankfurt/M., 1969.

————, "Hegels Kritik des Naturrechts," in *Hegel-Studien*, Bd. 4, 1967.

————, "Über den Strukturwandel der praktischen Philosophie beim jungen Hegel," in P. Engelhardt(Hg.), *Zur Theorie der Praxis*, Mainz, 1970.

Rosenkranz, K., *Hegels Leben*, Berlin, 1844.

Rosenzweig, F., *Hegel und der Staat*, Bd. 1, München–Berlin, 1920.

Schneider, H., "Anfänge der Systementwicklung Hegels in Jena," in *Hegel-Studien*, Bd. 10, 1975.

Siep, L., *Anerkennung als Prinzip der praktischen Philosophie. Untersuchungen zu Hegels Jenaer Philosohie des Geistes*, Freiburg–München, 1979.

————, "Der Kampf um Anerkennung. Zu Hegels Auseinandersetzung mit Hobbes in den Jenaer Schriften," in *Hegel-Studien*, Bd. 9, 1974.

Siep, L., "Hegels und Schellings praktische Philosophie in Jena(bis 1803)," in L. Hasler(Hg.), *Schelling. Seine Bedeutung für eine Philosophie der Natur und Geschichte*, Stuttgart, 1981.

————, "Praktische Philosophie und Geschichte beim Jenaer Hegel," in U. Guzzoni/B. Rang/L. Siep, *Der Idealismus und seine Gegenwart*, Hamburg, 1976.

————, "Zum Freiheitsbegriff der praktischen Philosophie Hegels in Jena," in D. Henrich/K. Düsing(Hg.), *Hegel in Jena, Hegel-Studien Beih.* 20, Bonn, 1980.

Trede, J. H., "Mythologie und Idee. Die systematische Stellung der 'Volksreligion' in Hegels Jenaer Philosophie der Sittlichkeit(1801~1803)," in R. Bubner(Hg.), *Das älteste Systemprogramm, Hegel-Studien Beih.* 9, Bonn, 1973.

Tilliette, X., "Hegel als Mitarbeiter Schellings," in D. Henrich/K. Düsing(Hg.), *Hegel in Jena, Hegel-Studien Beih.* 20, Bonn, 1980.

헤겔 연보

1770 8월 27일 독일 뷔르템베르크 공국의 수도 슈투트가르트에서 한 프로테스탄트 가정의 2남 1녀 중 장남으로 태어나다.

1777 (7세) 슈투트가르트 김나지움에 입학하여 그리스와 로마의 고전을 중심으로 공부한다.

1788 (18세) 김나지움을 졸업하고 튀빙겐 신학교에 입학하여 2년간 철학과 고전을 수학한 후 다시 3년간 신학 과정을 이수한다. 대학 재학 중 횔덜린(F. Hölderlin) 및 셸링(Fr. W. J. Schelling)과 교우하면서 함께 그리스 비극에 몰두하고 1789년에 일어난 프랑스혁명의 이념에 적극 동조한다.

1793 (23세) 대학을 졸업하고 스위스 베른에서 가정교사 생활을 시작한다. 베른 시기에 칸트(I. Kant)의 비판철학, 피히테(J. G. Fichte)의 『학문론』에 대해 연구하고 기번(E. Gibbon)과 몽테스키외(J.-Fr. de Montesquieu) 등의 저서를 읽는 한편, 신학적·실천철학적 내용을 가진 초고인 「예수의 생애」(Das Leben Jesu, 1795), 「그리스도교의 실정성」(Die Positivität der christlichen Religion, 1795/96) 등을 집필한다.

1796 (26세) 횔덜린의 소개로 프랑크푸르트에서 가정교사로 자리를 잡는다. 프랑크푸르트 시기에 칸트와 피히테의 실천철학을 비판적으로 수용하고 셸링의 자연철학적 저작들로부터 깊은 영향을 받는다. 정치경제학에 대해서도 집중적으로 연구한다. 「종교와 사랑」(Religion und Liebe, 1797/98), 「그

리스도교의 정신과 그 운명」(Der Geist des Christentums und sein Schicksal, 1798~1800) 등의 논문과 더불어 시사성을 지닌 정치철학적 초고들을 집 필한다.

1799 (29세) 뷔르템베르크 공국의 재무관이던 부친 사망하다.

1801 (31세) 셸링의 주선으로 예나로 이주하여 공적인 학문 활동을 시작한다. 예나 대학에서 「행성의 궤도에 관하여」(Dissertatio philosophica de Orbitis planetarum)라는 주제로 교수자격시험을 통과한 후 처음에는 사강사로 서 그리고 1805년부터는 객원교수로서 논리학·형이상학·자연철학·정 신철학·법철학 등을 강의한다. 셸링의 동일철학의 입장에서 피히테의 선험철학을 비판하는『피히테와 셸링의 철학 체계의 차이』(Differenz des Fichteschen und Schellingschen Systems der Philosophie)를 최초의 공식 저서로 출간한다.

1802 (32세) 1803년까지 셸링과 공동으로『철학비평지』(Kritisches Journal der Philosophie)를 발행한다. 이 철학지에『믿음과 지식』(Glauben und Wissen), 「자연법에 대한 학적 취급방식들」 등 논쟁적인 논문들을 발표한다. 이후에 는 자신의 철학 체계를 수립하면서 강의 교재로도 쓸 목적으로『인륜성의 체계』(System der Sittlichkeit, 1802/03)를 비롯하여 1806년까지 일련의 체계 초고들을 집필한다. 피히테의 의식철학을 재수용하고 사변적 논리학의 이 념을 확립하면서 셸링의 동일철학에서 차츰 벗어나 독자적인 변증법적 사 변철학을 정립해간다.

1806 (36세) 나폴레옹의 프랑스군에 의해 예나 점령. 전쟁의 와중에『정신현상 학』(Phänomenologie des Geistes)을 탈고한다.

1807 (37세) 예나 대학이 폐쇄되자『밤베르크 신문』의 편집장을 맡아 밤베르크 로 이주한다. 초기 주저인『정신현상학』을 출간한다. 이 저서를 계기로 이 미 1803년 뷔르츠부르크 대학교로 떠난 셸링과 결정적으로 단교된다.

1808 (38세) 뉘른베르크 김나지움의 교장으로 취임하면서 뉘른베르크로 이주한 다. 김나지움에서 의식론·논리학·법론과 의무론·종교론 등을 강의한다.

1811 (41세) 마리 폰 투허(Marie von Tucher)와 결혼하여 2남 1녀를 두게 된다.

(그외에 혼외자가 1명 있다.)

1812 (42세)『논리학』(*Wissenschaft der Logik*) 중 제1권『존재론』을 출판한 후 1813년에 제2권『본질론』, 1816년에 제3권『개념론』을 출판하여 사변적 논리학을 완성한다.

1816 (46세) 하이델베르크 대학교 정교수로 취임한다. 하이델베르크 시기에 자신의 철학 체계를 '논리학' '자연철학' '정신철학'으로 정리·요약한『철학 백과전서』(*Enzyklopädie der philosophischen Wissenschaften im Grundrisse*, 1817) 제1판과 그외에 소논문들을 발표한다.

1818 (48세) 프로이센 왕국에 의해 피히테의 후임으로 초빙되어 베를린 대학교 교수로 취임한다. 이후 베를린 대학교에서 논리학·형이상학·자연철학·정신철학·법철학·역사철학·미학·종교철학·철학사 등을 강의한다. 이 강의록들은 후에 제자들에 의해 편집되어『역사철학 강의』『미학 강의』『종교철학 강의』『철학사 강의』등 유고로 출간된다.

1821 (51세) 자신에 의해 마지막으로 출간된 주저인『법철학』(*Grundlinien der Philosophie des Rechts*)을 발표한다.

1826 (56세) 제자인 간스(E. Gans)와 함께 '학문적 비판 협회'를 창립하여 1827년부터『학문 비평 연감』(*Jahrbücher für wissenschaftliche Kritik*)을 간행하면서 일련의 소논문과 비평문들을 발표한다.

1827 (57세)『철학 백과전서』제2판 출간.

1829 (59세) 베를린 대학교 총장에 취임한다.

1830 (60세)『철학 백과전서』제3판 출간. 총장직을 사임한다.

1831 (61세)『논리학』제1권의 개정 작업을 마친 후 11월 14일 콜레라로 사망한다. 베를린에 소재한 공원묘지에 피히테의 묘 곁에 안장된다.

1832 친구와 제자들로 결성된 '고인의 친구들의 모임'(Verein der Freunde des Verewigten)에 의해 1842년까지 전19권의 헤겔 전집이 편찬되기 시작한다. 수정 원고에 따른『논리학』제2판이 출간된다.

1841 헤겔 철학의 영향력을 견제할 목적으로 셸링이 베를린 대학교 교수로 초빙된다.

옮긴이의 말

　일반적으로 '「자연법」 논문'으로 약칭되는 이 논문은 헤겔과 셸링이 공동으로 편집한 『철학비평지』(*Kritisches Journal der Philosophie*) 제2권 제2부(1802년 11/12월 간행)와 제3부(1803년 5/6월 간행)에 나뉘어 게재되면서 최초로 발표되었다. 「자연법」 논문은 1801년에 출간된 『차이』(*Differenz des Fichte'schen und Schelling'schen Systems der Philosophie*)와 『철학비평지』 제2권 제1부(1802년 7월 간행)에 게재된 『믿음과 지식』(*Glauben und Wissen*)과 더불어 예나 초기 헤겔의 저작들 가운데 가장 중요한 작품으로 평가되고 있다.

　헤겔의 많은 저서들 가운데 최초의 본격적인 법철학적 저작인 이 논문에서 헤겔은 홉스를 비롯한 경험주의적 자연법 이론과 칸트와 피히테의 형식주의적 자연법 이론, 대립과 분열로 특징지을 수 있는 근대 시민사회와 이를 반영한 실증법학을 고대 폴리스적 인륜성의 이념과 셸링적 동일철학의 방법론에 준거하여 분석하고 비판하면서 절대적 인륜성의 체계로서의 참된 자연법을 구축하기 위해 모색하고 있다. 여기서 헤겔이 주장하는 것은 개별성을 고착시키고 이에 추상적 보편성을 대립시키는 근대 개인주의적 자연법 이론은 방법론적 비일관성과 강제의 질서만을 산출하는 내용적 모순을 드러내면서 진정한 자연법

체계를 구성하는 데 실패하게 되며, 개별성을 무화(無化)하고 민족공동체로 합일할 때 정신과 자연, 개인과 사회제도, 이념과 현실이 통일되고, 이러한 생동하는 총체성으로서의 절대적 인륜성을 전제로 해서만 개인의 자유가 진정하게 실현되고 분열된 시민사회와 억압적 지배질서를 극복하며 인륜의 자기형태화로서의 자연법에 관한 학적 체계가 가능하다는 것으로 요약할 수 있다.

「자연법」 논문은 앞서의 청년 시기에 헤겔 자신이 동조했던 근대 자연법 사상과 비판적으로 대결한 기록이자 또한 가깝게는 이 논문에 연이어 집필된 『인륜성의 체계』(*System der Sittlichkeit*, 1803) 그리고 길게는 후기의 『법철학』(*Grundlinien der Philosophie des Rechts*, 1821)에서 완성된 모습으로 나타나는 그 자신의 법철학 체계를 향한 기획이다. 한편으로는 실체주의적 인륜성의 관점에서 칸트와 피히테의 주관적 관념론과 근대의 개인주의적 자연법 사상에 대한 비판이 정점에 이른다는 점에서 그리고 다른 한편으로는 동시에 이후의 의식이론적 정신철학과 개인의 자유에 기초를 둔 근대적 인륜성의 이념으로 발전하기 위한 단초가 여기서 내재적으로 마련된다는 점에서 이 저작은 헤겔 철학의 형성사에서 하나의 매듭이자 동시에 출발점을 이루는 중요한 위치를 차지한다.

더 나아가 「자연법」 논문은 그 자체로도 중요하다. 특히 후기 『법철학』에서 '시민사회'로 명명되는 근대적 소유와 법질서에 대한 분석은 이미 이 논문에서 상당 부분 선취되었을 뿐만 아니라 『법철학』에서보다 오히려 더 날카로운 비판적 통찰을 보여주었다. 여기서 나타나는 청년 마르크스 사상과의 유사성 때문에 이 논문은 이미 1960년대부터 크게 주목받으며 다루어져왔다. 또한 1977년 '예나에서의 헤겔'(Hegel in Jena)이라는 주제로 개최된 국제헤겔학회 학술회의에서 절정에 도달한 예나 초기의 헤겔 철학에 관한 연구들은 이 시기의 저작들이 단지 『정신현상학』을 비롯한 후기 철학체계를 위한 예비작을 넘어서 고유한 체계성과 원리를 지니고 있음을 밝혀냈다. 근대 자연법 사상과 시민사회의 내적 모순에 대한 탁월한 분석 이외에도 폴리스적 공동체를 모델로 한 인륜성의 이념, 고대 비극작품에 대한 독창적인 해석과 이의 역사철학적 적용, 전체 정신철학으로서의 실천철학이라는 체계론 등은 「자연법」 논문이 지닌 독특성의 예들이다. 또한 현재의 실천철학적 논의에서는 자유주의와 공동체주의 간의 논쟁과 관련하여 중요한 전거로 취급되고 있다.

이 책을 통해 아직 소개조차 제대로 되지 않은 초기 헤겔 철학에 대한 관심을 일깨우는 계기를 마련하고 이에 대한 우리 학계의 연구에 일조할 수 있기를 바란다. 이 책은 철학을 전공하는 사람뿐만 아니라 정치학·법학 등 여러 관련 분야의 연구자들에게도 가치 있는 문헌이 될 수 있을 것이다. 또한 현재 우리의 사회현실을 되돌아보는 데에도 훌륭한 거울이 되리라고 본다.

번역은 이 책이 학문연구의 기초가 되는 1차문헌임을 고려하여 직역을 원칙으로 했다. 모든 번역은 어쩔 수 없이 이미 그 자체가 하나의 해석이지만, 이 책에 대한 본격적인 연구와 해석은 독자와 옮긴이의 공동과제로 남겨놓는 것이 마땅하다고 생각하여 가급적 옮긴이의 개입을 줄이고 원문을 가능한 한 충실히 재현하려고 노력했다. 그런데도 미진한 점이 있을 것이다. 독자들이 지적해주고 질책을 해줌으로써 더 많은 가르침을 얻을 수 있기를 기대한다.

2004년 1월
김준수

찾아보기

지은이 게오르크 빌헬름 프리드리히 헤겔

게오르크 빌헬름 프리드리히 헤겔(Georg Wilhelm Friedrich Hegel, 1770~1831)은
뷔르템베르크 공국의 수도 슈투트가르트에서 태어나 튀빙겐 신학교에서 공부했다.
19세기 전반 독일 지성계의 큰 인물로 성장한 낭만파 시인 횔덜린과 철학자 셸링을 만나
서로 영향을 주고받으며 깊은 교우관계를 맺은 것도 이곳이었다.
졸업 후 성직자가 되는 대신 베른과 프랑크푸르트에서 가정교사를 했고,
1801년 셸링이 있던 예나 대학으로 옮겨『피히테와 셸링의 철학 체계의 차이』를 쓰고
『철학비평지』를 공동으로 편집하면서「자연법」등의 논문을 발표했다.
1805년에 교수로 임명되었으며 그의 첫번째 주저『정신현상학』(1807)을 출판했다.
나폴레옹의 침공으로 예나 대학이 폐쇄되자 헤겔은 밤베르크에서 신문사 편집장을
맡았고 이어 뉘른베르크 김나지움에서 교장으로 일했다. 이곳에서 마리 폰 투허와
결혼을 했고, 두번째 주저인『논리학』(1812~16)을 저술했다.
1816년 하이델베르크 대학의 교수로 부임해『철학 백과전서』(1817)를 발표했고,
1818년에는 프로이센 정부의 초청으로 베를린 대학의 교수로 취임하여
『법철학』(1821)을 썼다. 1831년 61세의 나이로 콜레라에 걸려 세상을 떠날 때까지
10여 년 동안 자신의 명성을 즐기면서 살았다. 헤겔이 죽은 뒤 학생들의 강의 노트를
바탕으로 역사철학, 종교철학, 미학, 철학사 등에 관한 책이 편찬되었다.

옮긴이 김준수

김준수(金峻洙)는 중앙대학교에서 경제학사를 취득한 뒤 독일 프랑크푸르트 대학교에서
철학 · 사회학 · 정치학을 수학하고 헤겔에 관한 연구로 철학 석사학위와 박사학위를 취
득했다. 현재 부산대학교 철학과 교수로 재직하고 있다.
주된 연구 분야는 독일 관념론, 정치철학, 윤리학, 상호주관성 이론, 소유권 이론 등이다.
저서로는 *Der Begriff der Freiheit bei Hegel*, 『헤겔』, 『승인이론』 등이 있다.
옮긴 책으로는『자연법』『인륜성의 체계』『정치사상의 거장들』등이 있으며 여러 편의
논문을 썼다.

자연법

지은이 G.W.F. 헤겔
옮긴이 김준수
펴낸이 김언호

펴낸곳 (주)도서출판 한길사
등록 1976년 12월 24일
주소 10881 경기도 파주시 광인사길 37
홈페이지 www.hangilsa.co.kr
전자우편 hangilsa@hangilsa.co.kr
전화 031-955-2000~3 **팩스** 031-955-2005

부사장 박관순 **총괄이사** 김서영 **관리이사** 곽명호
영업이사 이경호 **경영이사** 김관영
편집 김광연 백은숙 노유연 김지연 김대일 김지수 김명선
관리 이주환 김선희 문주상 이희문 원선아 **마케팅** 서승아
디자인 창포 031-955-9933
CTP출력 블루엔 **인쇄** 오색프린팅 **제본** 경일제책사

제1판 제 1쇄 2004년 3월 5일
개정판 제 1쇄 2015년 11월 13일
개정판 제 2쇄 2019년 4월 22일

값 20,000원

ISBN 978-89-356-6441-2 94160
ISBN 978-89-356-6427-6 (세트)

• 잘못 만들어진 책은 구입하신 서점에서 바꿔드립니다.
• 이 도서의 국립중앙도서관 출판시도서목록(CIP)은 서지정보유통지원시스템 홈페이지(seoji.nl.go.kr)와
국가자료공동목록시스템(www.nl.go.kr/kolisnet)에서 이용하실 수 있습니다.
(CIP제어번호: 2015024500)

한길그레이트북스 인류의 위대한 지적 유산을 집대성한다

●한길그레이트북스는 계속 간행됩니다.